LG가
사장을
만드는 법

"LG는 누구를 뽑아서 어떻게 리더로 키우는가?"

LG이노텍 전前 CEO 이웅범이 전하는

LG가 사장을 만드는 법

★ ★ ★ ★ 이웅범 지음 ★ ★ ★ ★

SAY KOREA

개정판 서문

『LG가 사장을 만드는 법』을 내고서 어느새 3년하고도 8개월이 라는 시간이 지났다. 은퇴 후에 나는 '유비스컨설팅'이라는 회사를 세우고 사원부터 임원, 경영자에 이르기까지 직장인들을 대상으로 리더십과 강점코칭에 관한 강연을 진행해왔다.

그 과정에서 내가 새롭게 깨달은 것들이 있다. 이를 강연을 통해 만나는 사람들에게만 전하기에는 물리적·시간적으로 한계가 있었 다. 그래서 이를 책에 실어 더 많은 사람들에게 전하자는 마음을 먹 고 『LG가 사장을 만드는 법』의 개정판을 준비했다.

새로 깨달은 것은 두 가지다. 하나는 '코칭 리더십'의 의미고, 다른 하나는 '일하는 행복'의 의미다.

코칭 리더십: '다름'을 인정하라

직장에서 위로 올라가면서 더욱 잘 알게 되는 것은 '일이란 나 혼자 잘해서 성과가 나는 것이 아니다.'라는 사실이다. 사원은 자기가 맡은 일만 잘하면 된다. 하지만 팀장만 되더라도 팀원 모두의 잘못이 곧 내 잘못이 되고 팀원 모두의 성과가 곧 내 성과가 된다.

'팀원들의 잘못이 모두 내 잘못'이라는 점만 보는 팀장들은 자꾸 조바심이 난다. 팀원들의 부족한 점이나 잘못된 점만 눈에 들어오고, 그들을 다그치고 혼내기 바빠진다. 급기야 '차라리 내가 한다.'라며 팀원들 모두의 일을 도맡아 처리하려고 들기도 한다. 그렇지만 '팀원들의 성과가 모두 내 성과'라는 점에 집중하면, 팀원들 각자가 자신의 재능과 열의를 살려 잘할 수 있는 일을 더 잘할 수 있게 만드는 방법을 탐색하게 된다. 이러한 리더십을 발휘하면 팀원들이 일에서 느끼는 만족도가 올라가고 성과도 따른다.

바로 이것이 35년 직장을 은퇴하고서 뒤늦게 깨달은 아쉽고도 후회스러운 점이다. 그 시절의 나는 직원들이 나와 다르다는 사실을 제대로 이해하지 못했다. 나는 그들이 나의 스타일에 맞게 행동하고 일하기를 바라고 기대했다. 나도 잘하는 것이 있지만 못하는 것이 있는데, 직원도 마찬가지라는 점을 알아차리지 못했다. 재능은 각자 다르게 타고나는 것임에도 나는 그들이 나의 성향에 맞추도록 요구했다.

10개의 강점을 가진 사람이 자신의 강점만 기준으로 삼으면 나머지는 모두 부족하거나 쓸모없는 재능으로 보이게 된다. 그렇지만 다름을 인정하고 나면 10명이 가진 서로 다른 10개의 재능은 100가지의 재능이 된다. 나는 함께 일하는 직원들이 저마다 최대의 성과를 낼 수 있도록 그들의 재능을 파악하고, 잘할 수 있는 일 또는 하고 싶은 일을 찾아 맡겼어야 했다. 그러나 그 시절에는 늘 바쁘다는 핑계로 이런저런 것들을 지시하기만 했을 뿐, 거기까지 생각이 미치지 못했다.

당시에 내가 코칭 리더십을 알았더라면 직장에서의 소통에 대해 더 적극적으로 접근했을 것 같다. 그렇게 직원들의 다름을 인정하고 그들의 재능을 살려주려고 노력했다면 분명 더 좋은 결과를 얻었을 것이다. 이러한 강점 기반의 조직문화 구축은 바로 요즘 MZ세대들에게도 적합한 조직 문화가 아닐까 한다.

일하는 행복: 일하는 사람의 행복까지가 일이다

지금의 MZ세대를 이끌어야 하는 리더들은 골치가 아플 것이다. 이들은 회사보다 자신이 우선이고, 윗사람의 조언보다 인터넷과 AI의 지식을 신봉한다. MZ세대는 어찌 보면 그 어느 때보다도 주체적인 세대고, 달리 보면 과거의 유산과 윗사람들에 대한 존중이 희박해진 세대다.

나는 이러한 현상이 벌어진 이유가 '정보의 민주화'에서 기인한다고 생각한다. 과거에 정보는 오직 원본 문서와 카피 상태로만 존재했다. 정보에 접근할 수 있는 권한은 일부에게만 주어졌다. 정보를 소유한 일부 사람들은 곧 지식 권력을 독점한 사람들이었다. 직장에서 이러한 사람들이 필요로 하는 직원이란 그저 적당한 기술을 가지고 있고 시키는 일을 성실히 잘 해내는 사람이었다.

그러나 요즘은 핸드폰과 PC를 통해 어디서든 인터넷에 접속하여 정보를 습득할 수 있다. 최근에는 원천 정보를 가공한 고급 정보까지도 AI를 통해 쉽게 손에 넣을 수 있게 됐다. 정보의 소유 형태가 달라지면 필연적으로 권력의 해체와 재편이 일어난다. 직장에서 MZ세대가 조직에 목매달지 않는 이유도, 윗사람의 권위에 신경쓰지 않는 이유도 여기에 있다고 나는 생각한다.

그렇다면 지금 MZ세대를 이끌어야 하는 리더들은 어떤 리더십을 발휘해야 하는 것일까? 나는 이 질문의 대답을 은퇴 후에 품게 된 하나의 화두에서 발견했다. 그 화두란 바로 '무엇이 우리를 행복하게 하는가?'라는 질문이었다.

많은 사람들이 MZ세대는 일에 대한 환상을 잃어버렸고, 일에서 행복을 찾지 않는다고들 이야기한다. 또 조직의 성공과 자신의 성공을 동일시하지 않는다고들 이야기한다. 아주 틀린 말은 아니지만, 틀림이 없는 말도 아니다.

나는 행복이란 반드시 다른 사람들과의 교류 안에서부터 비롯되며, 남들과의 비교가 아니라 자기 스스로 느끼는 성취감과 만족에서 느낄 수 있게 된다고 생각한다. MZ세대는 직장 또는 일에서 행복을 느끼지 못하는 사람들이 아니라, 행복을 느끼는 조건이 과거와 다른 사람들이다. 이들은 조직에서 내가 성장한다고 생각할 때, 내가 의미 있는 일을 하고 있다고 생각할 때, 동료나 상사들로부터 인정을 받을 때, 불합리하지 않고 공정한 대우를 받는다고 생각할 때 행복을 느낀다. 이는 미국의 심리학자 매슬로 Abraham Harold Maslow 가 구분한 인간의 5단계 욕구에서 1단계인 생리적 욕구와 2단계인 안전 욕구를 넘어서는 단계에 위치한다. 즉 3단계인 애정과 소속 욕구, 4단계인 존중의 욕구, 그리고 가장 고차원적 욕구인 5단계의 자아 실현 욕구에 속한다.

인간의 기본적인 욕구는 수동적으로 주어지는 것을 받아들이기만 해도 충족시킬 수 있지만, 이를 넘어서는 고차원적인 욕구를 충족시키려면 본인 스스로가 능동적으로 움직여 성취해야 한다. 이를 위해서는 그들이 스스로 움직일 수 있도록 북돋아주고, 해낸 것에는 인정과 응원을 보내주는 존재가 필요하다. 위계가 아니라 수평적 질서에 기반해서, 상명하복 대신 동기를 발견하게 해주고 성장의 방법을 알려주는 리더십이 필요하다. 즉 MZ세대가 일에서 만족감과 행복을 느낄 수 있게 해주는 직장 내 리더십은 아무래도 '코칭 리더십'일 수밖에 없다.

결국 MZ세대를 이끌어야 하는 리더라면 먼저 일에 대한 생각부터 바꾸어야 한다. 이제 일은 단지 돈을 벌기 위한 수단도, 조직이 부여한 과업을 완수하는 것도 아니다. 일하는 사람의 행복까지 고려하는 것이 지금 시대에 맞는 일의 필요조건이다.

두 가지 깨달음에 관한 자세한 내용은 이 책의 6장에 수록했다. 지금 시대에 이 책을 읽는 팀장, 부장, 사장 등 리더들은 이를 염두에 두고, 부디 나와 같은 후회를 남기지 않기를 바란다.

끝으로 이 책을 처음 내면서 했던 말을 다시 한번 하려고 한다. 이 책에 흥미가 생기지 않는다면, '꼰대 세대'의 자기 자랑쯤으로 앞으로의 얘기를 짐작한다면 지금 책장을 덮어도 좋다. 그러나 서는 곳이 달라지면 보이는 것도 달라지기 마련이다. 직장에서 위치가 올라갈수록 어깨에 지는 책임과 인생들의 무게도 무거워진다. 직장에서 내가 혼자가 아니라는 점을 잠시 잊었을 때, 일은 행복해지려고 하는 것이라는 사실을 깜빡했을 때 이 책이 당신의 작은 등불이 되어주었으면 한다.

2025년 11월

이웅범

추천의 글

사람이 직장에서 하는 역할이란 걸쳐 입는 옷과 같지 않을까? 옷이 아무리 고급스럽고 화려해도 벗으면 그뿐, 결국 자기 자신이라는 본질과 마주하게 된다. 영국의 시인 알프레드 테니슨은 「오크 Oak」라는 시에서 겨울에 잎이 다 떨어진 참나무가 벗었음에도 불구하고 가진 본질적인 위엄과 힘을 '나력裸力, naked strength'이라고 예찬했다. 어떤 면에서는 지위와 역할을 벗어나서야 진정한 내면의 힘이 드러나고, 그가 참으로 누구인지가 보인다.

나는 경영자 코치로서 이웅범 저자를 십수 년 동안 만나왔다. 그가 LG에서 임원, 사장을 역임하고 대학 총장을 하는 동안 호랑이 같은 야전사령관의 모습을 보기도 했고, 목표를 집요하게 추진하는 도전가의 모습을 보기도 했다. 그런데 저자와 대화를 하면 언제나 밑바닥에 따뜻함이 있었다. 상대방을 배려하는 면모는 리더로서만이 아니라 코칭 교육에 참여할 때도, 아들의 진로 문제를 고민할 때도 나타났다. 이 책을 보고서야 그게 어디서 왔는지 알게 된 느낌이다. 아웃사이더 정신이라고 할까? 수학여행을 스스로 접을 정도로 가난을 체험한 어린 시절과 비주류 부서에서 시작한 직장생활 등 성장기에 어려움을 겪었기에 이른바 금수저들에게는 발견하기 어려운, 연민과 따뜻함이 나오지 않았을까 한다. 나도 제주도, 변방 출신으로서 아웃사이더 정서가 있다. 그래서 잘 알아본다. 잘나가도 겸손함을 유지하고 최선을 다하되 자신이 아무것도 아닐 수 있음을 아는 그 마음. 참 귀하다.

　이 책에는 그가 회사에서 일하며 겪었던 많은 스토리가 펼쳐진다. 고객사인 애플을 놀라게 할 정도의 전략적 결단과 기민한 대처가 있고, 대립적인 노사관계가 아닌 노경관계로서 협력을 통해 어려운 경영과업을 달성하는 스토리도 나온다. 사실 LG이노텍의 발전은 경이로운 데가 있다. 부족함이 많은 현장과 업무 관행 속에서 글로벌 경쟁력을 갖추는 게 어찌 쉽겠는가? 이걸 이뤄낸 놀라운 드라마가 여기 있다. 저자는 전임 허영호 사장의 혜안과 청정문 조직문화에 대한 찬사를 잊지 않는다. 영향을 받은 상사들에 대한 헌정도 나온다. 경영자가 쓴 글에서 이런 상찬을 찾아보는 건 흔치 않다. 글에서는 편의 때문에라도 업적을 포장하는 경우가 많은데, 그렇지 않은 이 글은 저자의 성품을 짐작하게 한다.

나는 축적의 힘을 믿는다. 오늘날 LG이노텍의 모습은 허영호, 이웅범, 정철동으로 이어지는 누대에 걸친 CEO들의 헌신에 힘입은 결과다. 또 리더를 믿고 열심히 노력한 구성원들의 땀과 눈물의 결과다. 최선을 다해 달리기를 이어가는 계주 주자들의 아름다운 모습이 떠오른다. 피터 드러커가 조직은 개인의 유한성을 극복하기 위한 것이라고 했는데, 독자들은 여기서 그걸 확인할 수 있을 것이다.

저자는 배움에 대한 열정이 남달랐다. 코칭이 낯설었던 십수 년 전에 이미 전문코치 과정을 수료했고, 기꺼이 일대일 코칭을 통해 더 성장하려는 열린 자세를 보여주었다. 이제는 글로벌 갤럽사의 인증 강점코치가 되었다. 강점코치로서 저자는 사람과 조직의 강점을 알게 해주고 잠재력을 이끌어내고 있다. 책의 후반부에는 강점이란 무엇이고, 그것이 어떻게 작용하는지, 그것을 어떻게 더 발전시킬 수 있는지를 설명하고 있다. '약점은 결코 강점이 될 수 없지만 강점은 무한히 발전한다'는 명제에서 독자들은 통찰을 얻을 수 있을 것이다. 진정성과 기개가 느껴지는 이 책을 통해 나 역시 스스로 동기부여가 된다. 대기업 CEO, 대학 총장 역할을 거치고, 이제 강점코치로 돌아온 저자는 특히 중소 중견기업들을 도와주는 코치가 되겠다고 한다. 저자의 모습에서 테니슨이 말한 나력이 느껴진다.

_고현숙, 국민대학교 경영대학 교수, 코칭경영원 대표코치

이웅범 사장은 35년이라는 시간 동안 큰 회사의 말단 직원으로 출발하여 직장인들의 로망인 CEO에 올라 기업을 진두지휘했고, 대학 총장까지 경험한 흔치 않은 이력의 소유자다. 말하지 않아도 그 세월이 그리 쉽지는 않았음을 미루어 짐작할 수 있다. 그러나 그의 태도는 항상 자신에게는 철저하고 엄격하되 타인에게는 따뜻했다. 그러면서도 그는 기업의 경영자로서 치열하게 상황을 분석하며 현장을 자세히 들여다보고, 질문하고, 행동하며 혜안으로 조직과 사람을 이끌었다. 그런 것들이 그를 존경받는 CEO로 자리매김하게 했다.

철이 들고 직장을 다니면서 많은 사람을 만났지만 모든 이가 다 친구가 되고 인연이 되는 것은 아니다. 이 책 집필을 통해 작가라는 새로운 직함을 갖게 된 이 사장은 만나는 사람을 귀하게 여긴다. 이 사장은 미치 앨봄의 "타인이란 아직 미처 만나지 못한 가족"이란 선언이 어떤 의미인지를 행동으로 알려주는 몇 안 되는 사람이다.

그는 만나는 사람들에게 '과연 나는 지금 최선을 다해서 나의 일을 하고 있는가?'라며 자신을 돌아보는 질문을 하게 만드는 재주가 있다. 그것은 그만의 특별한 능력이다. 아직도 그를 만나면 듣고 싶

고 배우고 싶고 알고 싶은 것이 많다.

　인연을 소중히 여기는 그가 자신이 겪어온 일들을 진심을 담아 세세하게 적어낸 이 책은 더 많은 '아직 미처 만나지 못한 가족'들에게 내게 준 것과 동일한 경험을 선사하기 위한 것이라고 믿는다. 가장 평범한 일상에서 위대함을 발견하고 이뤄낸 이의 선물을 박수로 받아들인다. 엄지척!

_김재정, 서울대학교 공과대학 화학생명공학부 교수

수처작주는 저자의 인생이다. 일반 사원으로 시작해서 CEO가 되기까지의 여정을 아낌없이 진솔하게 풀어놓았다. 책을 통해 그가 걸어온 여정에 동행한 독자들은 다가올 도전을 성공적으로 해결해 나갈 수 있는 지혜와 개척자적인 용기를 얻을 것이다. 급변하는 시장에 대한 발 빠른 대응이 요구되는 상황에서 지치지 않고 본인만의 노하우를 구축해가는 격려와 희망의 샘도 만날 것이다. 특히 도전적인 직장생활을 소망하는 이들에게 이 책을 권한다. 저자라면 이 어려운 상황을 어떻게 해결했을까 하는 통찰의 힌트를 얻기 위해서라도 기억이 희미해질 때마다 자주 열어보는 책이 될 것을 확신한다.

_성태연, 고려대학교 나노포토닉스공학과 학과장, 교수

이 책에는 급변하는 기술 발전을 예측하고 그에 맞는 트렌드를 사업에 적용해온 LG그룹 제조 분야의 자타공인 야전사령관 이웅범 저자의 경험이 담겨 있다. 그가 책에서 소개한 '특별한' 경험은 기실 LG라는 한 회사의 사례로, 또 저자만의 개인적인 에피소드로 제한되지 않는다. 혁신을 위한 도전은 세계 모든 기업이 예외 없이 안고 있는 영원한 숙제이고, 이를 수행하여 성과를 내는 핵심은 결국 사람에게 달려 있기 때문이다.

이 책은 기업이 난제를 만나 이를 해결하기 위해 취해야 할 문제 접근법의 공식을 밝힌 교과서라 부를 만하다. 저자가 편히 읽을 수 있게 서술한 다양한 사례들은 세대와 상황은 달라도 후배들에게 상당한 시사점을 줄 것이다. 코로나 팬데믹을 겪으며 극한의 변화를 맞이하고 있는 직장인들에게 필요한 것은 시대의 변화와 흐름을 읽어내고 올바른 출발점을 세우는 것이다. 이 부분의 갈증을 느끼는 이들에게도 일독을 권한다. 더불어 이 책의 독자들이 리더와 발맞추는 팔로어, 팔로어를 경험한 리더로서 퍼스트 무버First Mover의 역량을 키우는 새로운 도전과 가능성을 통찰할 수 있기를 기대한다.

_이진호, 카이스트 벤처창업가

차례

개정판 서문 · 004
추천의 글 · 011
들어가는 말 · 020

제1장 전략적 사고: 고기가 그물을 찾아오게 만들어라

대어를 낚다, 애플 대형 수주 · 033
LG의 혁신 LG에 '노사관계'는 없다 · 043
금광이 호황이면 청바지를 만든다 · 046
제발 일 좀 그만하세요 · 055
개미가 혁신에 실패하는 이유 · 064
LG의 혁신 5%는 불가능해도 30%는 가능하다 · 068
헤엄치지 않는 상어는 죽은 상어다 · 071

제2장 경청하는 태도: 문제의 답은 현장에 있다

거꾸로 생각하면 길이 보인다 · 085
LG의 혁신 우발상적 사고 · 091
우리의 문제는 현장에 답이 있다 · 094
머리는 몰라도 손끝은 안다 · 103
귀를 열어두면 자다가도 떡이 생긴다 · 108
인생에서 가장 무더웠던 그해 여름 · 113
걸어갈 길이 궁금하면 뒤를 돌아보라 · 121

제3장 유연한 위기관리: 궁하면 변하고, 변하면 통한다

진퇴양난에 빠진 신규사업 · 130
살아남는 싸움에 체면은 없다 · 139
담배도 끊었는데 흑자를 못 낼까 · 147
몬태규 가家를 찾아간 줄리엣 · 152
필요하면 아군도 속인다 · 156
불이야! · 165

제4장 리더의 진화: 따를 줄 아는 자가 이끌 줄도 안다

남을 이끄는 자의 자격 · 174
리더를 돕는 팔로어, 팔로어를 키우는 리더 · 183
LG의 혁신 LG의 사업가 육성 · 189
누가 LG의 리더가 되는가 · 193
누가 LG의 인재가 되는가 · 198
LG의 혁신 조용한 혁명, 순혈주의를 타파하다 · 204
나를 바꾸게 만든 리더 이미지 평가 · 207

제5장 사람을 품는 아량: 품을 수 있어야 키울 수 있다

구본무 회장, 배려와 격려의 리더십 · 220
상사부일체 · 225
직원의 성과는 가족에게 보답한다 · 234
미래의 씨앗을 뿌리다 · 240
함께 일하면 다 같은 동료 · 246
언젠가는 우리 다시 만나리 · 251
부모도 자식을 다 모른다 · 261

제6장 강점의 리더십: 당신의 조직을 강점으로 이끌어라

나의 강점은 무엇인가? · 274
조직을 혁신하는 강점 코칭 · 285
몰입도 높은 강점 조직 만들기 · 298
일하는 사람의 행복까지가 일이다 · 307

맺는말 · 313
부록 야간고등학교 출신이 CEO가 되기까지 · 318
이웅범 사장이 알려주는 슬기로운 직장생활 FAQ · 331

들어가는 말

나는 LG그룹에서 35년을 일했다.

LG전자의 레코딩미디어사업부는 내가 가장 오래 일한 조직이다. 1984년부터 2001년까지 햇수로 18년간 근무했다. 지금은 사라진 이 사업부는 애초 반도상사^{현 LX인터내셔널}에 속했다가 1987년에야 금성사^{현 LG전자}로 합병됐으니, 나는 처음부터 LG전자 식구는 아니었던 셈이다. 게다가 이 사업부는 다년간 적자를 쌓고 있었고 이곳 출신으로 더 큰 조직에서 승승장구하는 인물이 없어 이른바 인맥도 없었다. 요컨대 나는 아웃사이더였다.

그런 내가 어떻게 LG에서 35년간 살아남아 CEO가 될 수 있었을까?

위기 다음에 또 위기

―

짐작하는 바대로 CEO가 되기까지 그 모든 세월은 '위기 다음에 또 위기'였다. 사례를 몇 가지만 추려본다. 만약 여러분이라면 이런 상황이 닥쳤을 때 어떻게 대처했을까?

1. 당신이 CEO라면

▶ 글로벌 대기업에서 우리 회사에 부품을 대거 발주했다. 기존의 배를 웃도는 수주량에 현장 인원을 무려 1,000명 더 투입해야 한다는 계산이 나왔다. 인력 부족 사태를 어떻게 해결하겠는가?

▶ 당신은 2년 이내로 매출을 2배 올린다는 사업계획을 수립했다. 그런데 위에서는 이를 1년 내에 달성하라는 지시를 했다. 상식적이지 않은 이 지시를 두고 당신은 어떻게 할 것인가?

▶ 시장의 성장세가 뚜렷하지만 생산할 자격을 획득하기까지 과정이 까다롭고 기간도 1년이 필요한 제품이 있다. 당신은 이 사업이 장래가 있다고 판단하여 설비와 기술 개발에 적지 않

은 돈을 투자했다. 그러나 제조하기가 어렵고 양산 수율이 낮아 적자가 지속되자 회사는 그만 철수하라는 지시를 내렸다. 당신의 선택은?

2. 당신이 부서 책임자라면

▶ 흑자를 내고 있음에도 외자 유치를 위해 우리 사업부를 매각한다는 소식이 전해졌다. 직원들이 동요하기 시작했고 급기야 노조가 매각 반대 행동에 나섰다. 당신은 이 사태를 어떻게 해결할 것인가?

▶ 공장에서 별안간 불이 났다. 메인 공정은 무사했으나 후속 공정을 담당하는 라인이 전소됐고, 이로 인해 고객사에 납품하기로 한 기한을 지키지 못할 위험에 처했다. 어떤 대응책을 마련할 것인가?

▶ 생산 차질 문제를 해결하라는 명을 받고 생산 담당 책임자로 부임했다. 와서 보니 마케팅 부서는 매일같이 주문 물량을 바꾸고 개발 부서는 약속한 개발 기한을 지키지 않는다. 이 문제를 어떻게 해결해야 할까?

▶ 그룹 차원에서 오랜 경쟁을 이어오고 있는 업체가 있다. 상대 업체는 상대 계열사의 부품만 가져다 쓰고, 우리 업체는 우리 계열사의 부품만 가져다 쓴다. 내가 납품 책임자라면, 상대 업

체의 담당자를 만나 우리 부품도 가져다 써달라며 거래를 트는 것이 적절하다고 생각하는가, 부적절하다고 생각하는가?

3. 당신이 상사라면

▶ 그룹 내 인사이동으로 그동안 부품을 납품하던 완제품 제조 업체의 임원으로 이동했다. 납품하던 시절 구매 담당 책임자는 나에게 단가를 더 깎으라는 무리한 요구를 수시로 했던 인물이다. 그 인물의 상사가 된 지금 나는 그를 어떻게 대해야 할까?

▶ 능력을 갖추고 있음에도 일에서 자신의 역량을 온전히 발휘하지 않는 직원이 있다. 이 사람이 역량을 발휘하게 하려면 어떻게 해야 할까?

4. 당신이 실무자라면

▶ 나는 사람 만나는 것에 거리낌이 없고 교류와 소통에 능하다. 반면, 반복적이고 절차와 형식이 중요한 서류 작업에는 비교적 취약하다. 성공적인 직장생활을 위해 나는 강점을 살리는 것과 약점을 보완하는 것 중 어디에 중점을 두어야 할까?

이 모두는 몸담았던 업체에서 내가 실제로 겪었던 일들이다. 미리 자기만의 대응책을 생각하고서 이 책을 읽어본다면 의미가 있을 듯싶다.

위기는 한 걸음 삐끗하면 추락할 낭떠러지이기도 했고, 나 자신의 직업윤리와 인간의 자격을 시험하는 일이기도 했다. 생각건대, 위기란 늘 하나의 질문이다. 바로 당신과 당신이 몸담은 기업의 존재 가치가 무엇이냐는 물음이다. 가혹한 그 물음들에 답하며 나는 여기까지 왔다.

LG는 과연 어떻게 일하는가

이 책의 1, 2, 3장은 내가 LG전자 레코딩미디어사업부장으로 처음 임원 생활을 시작하여 LG의 야전사령관이라는 별명을 얻고, 마침내 LG이노텍 CEO와 LG화학 사장이 되기까지 겪었던 수많은 일 중 들려줄 만한 가치가 있는 사례를 정리했다. 4장에서는 LG의 인재 육성 방식과 CEO 후보군 관리 정책 및 평가 기준을 실었다. 내가 CEO가 되는 과정에서 받았던 관리와 평가 내용도 여과 없이 공개했다. 어떤 사람이 LG의 임원이 되고 또 CEO가 되는지 궁금한 독자들이라면 답이 될 것이다. 또 LG가 원하는 인재상, 바람직한 리더의 모습이란 어떤 것이며 이를 위해 어떤 점을 주의하고 노력을 기울여야 하는지를 이야기했다. 5장에서는 사업을 통해 만난 사람들과 인간관계에 관한 이야기를 담았다. 나를 품어주고 키워주었던 사람들, 고비 때마다 무사히 넘길 수 있게 손길을 내밀어준 그들이 아니었다면 나는 CEO가 될 수 없었다. 6장에서는 퇴임 이후 내가 강점 코치로 활동하면서 직장인이 자신의 강점을 발견하고 계발하는 것이 얼마나 중요한 무기가 되는지, 기업에서 직원들의 강점을 경영에 활용하는 방법은 무엇인지를 이야기했다.

나는 이 책에서 회사 밖에서는 접할 수 없는 현장의 땀 냄새, 실무자와 관리자 및 협력업체 등 각자의 입장에 처해 있는 사람들의 생생한 목소리를 담아 'LG는 과연 어떻게 일하는가'라는 물음에 답하고자 했다. 한 치 앞을 알 수 없는 사업 환경의 변화에 하루가 멀다고 찾아오는 위기 상황들과 이에 대처했던 전략으로부터 여러분의 인생에 적용할 수 있는 혁신의 힌트를 발견하길 희망한다.

주인의식이 당신을 주인으로 만든다
—

본문으로 들어가기에 앞서 독자들에게 소개하고 싶은 금언이 하나 있다.

수처작주隨處作主.

중국 당나라의 승려 임제臨濟가 한 말로, 본디 '수처작주 입처개진隨處作主 立處皆眞'으로 쓰인다. '이르는 곳마다 주인이 되면, 서 있는 곳마다 모두 참되다'라는 뜻이다.

'수처작주'를 좌우명으로 삼는 것에는 사연이 있다. 어린 시절부터 할머니와 어머니를 따라 성지사라는 절에 다녔다. 주지인 도성 스님은 비구니셨는데, 참 올곧은 분이셨다. 나는 심적으로 힘들 때마다 도성 스님을 찾아가 마음을 다스렸다. 스님께서 어느 날 내게 '수처작주'라 적힌 편액을 권하셨다. 성장기부터 나를 지켜보신 스님의 말씀을 들으니, 이만큼 나를 잘 나타내는 문구를 다시 찾을 수 있을까 싶었다. 아웃사이더였지만 나는 '수처작주 정신'으로 일했다. 이 금언은 늘 나를 더 높은 관점에서 바라보게 했고, 더 나은 자신이 되도록 채근했으며, 유혹에도 흔들리지 않는 지침이 되어주었다. 내가 충실하고도 성공적인 직장생활을 통해 CEO가 될 수 있었던 바탕에는 수처작주가 있다.

어쩌면 당신이 이 책에서 발견하는 것은 모진 풍파를 겪고서 항구에 묶인 배의 잔해뿐일 수도 있다. 그러나 어쩌면 수없는 폭풍을 꿰뚫고 대양을 누비고서 무사히 돌아올 수 있었던 저력일 수도 있을 것이다. 한 사람이라도 더 많은 눈 밝은 독자들이 알아보았으면 하는 마음으로 이렇게 기록을 남긴다. 만약 내 기록에 흥미가 생기지 않는다면, '꼰대 세대'의 자기 자랑쯤으로 앞으로의 얘기를 짐작한다면 지금 책장을 덮어도 좋다. 그러나 인생 대부분의 시간을 차지하는 직장생활에서 자신의 의미를 찾아내고 싶다면, 그럼으로써 직장생활을 성공으로 이끌고 싶다면, 저 '수처작주'를 좌우명으로 새긴 이가 어떻게 LG의 CEO가 될 수 있었는지 확인해볼 것을 권한다.

제1장

전략적 사고: 고기가 그물을 찾아오게 만들어라

알베르트 아인슈타인은 이런 말을 남겼다.
"같은 일을 반복하면서 다른 결과를 기대하는 것은 미친 짓이다."
바꿔 말하면, "전보다 나은 결과를 얻으려면
전과 다르게 접근해야 한다"가 된다.

글로벌 대기업에서 우리 회사에 부품을 대거 발주했다. 기존의 배를 웃도는 수주량에 현장 인원을 무려 1,000명 더 투입해야 한다는 계산이 나왔다. 당신이 CEO라면 인력 부족 사태를 어떻게 해결하겠는가?

당신은 2년 이내로 매출을 2배 올린다는 사업계획을 수립했다. 그런데 위에서는 이를 1년 내로 달성하라는 지시를 했다. 상식적이지 않은 이 지시를 두고 CEO로서 당신은 어떻게 할 것인가?

시장은 끊임없이 변한다. 그 시장에서 생존해야 하는 업체는 제자리에 머물 수 없다. 변화의 흐름을 타지 않으면 뒤처지고, 결국 서서히 밀려날 수밖에 없을 것이다. 우리가 올라타야 할 메가트렌드는 무엇인가? 어떻게 올라탈 수 있을 것인가?

대어를 낚다,
애플 대형 수주

　　LG이노텍 매수 의견이 유지됐다. (중략) LG이노텍은 2021년 연결기준으로 매출 12조 983억 원, 영업이익 1조 2240억 원을 거둘 것으로 예상됐다. 2020년보다 매출은 36.0%, 영업이익은 79.7% 늘어나는 것이다. LG이노텍은 주요 거래처인 애플에 카메라모듈을 공급하고 있다. LG이노텍 전체 매출에서 광학솔루션 사업부의 비중은 70% 정도다.

　　애플은 반도체 공급부족 현상으로 기존 계획한 아이폰13 생산량을 줄이는 방안을 검토하고 있는 것으로 전해졌다. 하지만 애플에 카메라모듈을 공급하는 중국 오필름은 신장 위구르족 인권

침해 문제로 애플 공급사에서 탈락했다. 또 다른 카메라모듈 공급사인 일본 샤프는 코로나19에 따른 베트남 공장 셧다운으로 공급에 차질이 생긴 것으로 알려졌다.

_비즈니스포스트, LG이노텍 주식 매수의견 유지, "경쟁사 생산차질로 실적호조 지속", 2021. 10. 19.

LG이노텍의 카메라모듈 소식을 접하면 가슴에 뿌듯함이 차오른다. LG이노텍의 카메라모듈 사업은 내가 부품소재사업본부장으로 일하기 시작한 2010년을 기점으로 급성장했다. 세계 스마트폰 시장의 강자 애플로부터의 수주가 이뤄진 것이다. 전사적으로 체계적으로 준비해온 마케팅과 연구·개발 R&D 의 결실이었다.

애플 수주를 계기로 LG이노텍의 카메라모듈 사업은 비약적으로 성장했다. 2010년 애플에 공급한 금액은 3000억 원 정도였다가 2011년 약 9700억 원으로 급증했다. 그러면서 부품소재사업본부 산하에 있던 카메라모듈 사업팀은 2012년에 광학솔루션 사업부로 조직이 확대되었다. 광학솔루션 사업부가 애플을 포함한 고객사에 공급한 카메라모듈의 금액은 2012년에 2조 원을 넘어섰다. 이듬해 광학솔루션 사업부의 매출은 2조 5000억 원을 돌파했다.

내가 LG이노텍의 대표이사로 취임한 2012년에는 카메라모듈이 전체 회사 매출에 기여한 비중이 38%였다. 이 비중은 2013년에 41%로 높아졌다. 2020년에는 매출 9조 5418억 원 중 6조 7788억 원으로 71%가 되었다. 내가 경영자로서 기여한 부분은 이 비중이 높아지는 과정에서 애플로의 공급 경로를 닦은 것이다. 그중 가장 큰 역할은 애플이 2012년 4분기에 갑자기 발주 물량을 늘렸을 때 '전사적 동원 체제'를 가동해 주문에 맞춰 공급한 것이다. LG이노텍이 늘어난 주문 물량을 높은 품질 수준을 유지하면서 기민하게 공급하자 애플은 우리를 더 신뢰하게 되었다. 믿음은 주문 증가로 이어졌다. 1999년 사업부장이 된 이후 별명처럼 나를 따라다닌 '야전사령관' 역할을 CEO로서 다시 한번 수행해낸 셈이었다.

뜻밖의 기회

애플은 보통 1년에 한 개의 아이폰 모델을 출시한다. 대개 9월이나 10월에 신모델을 내놓는다. 카메라모듈을 비롯한 주요 부품의 생산은 7월 말이나 8월에 시작된다. 애플이 신모델을 개발할 때 주요 부품업체들도 저마다의 자리에서 개발에 참여한다. 신모델에 적용할 주요 부품을 생산하려면 부품 개발은 그보다 전에 완료한 뒤 애플로부터 승인을 받아야 한다. 당시 아이폰의 카메라모듈은 LG이노텍과 일본 샤프가 공급했다. 애플은 두 회사를 경쟁시키며 물량을 배정했다. 샤프가 먼저 완성도가 높은 카메라모듈을 개발할 경우 애플은 샤프에 더 주문을 많이 했고, 반대로 우리가 개발한 카메라모듈이 더 우수할 경우 LG이노텍에 물량을 더 줬다.

2013년에는 LG이노텍의 개발이 좀 지연되었다. 그래서인지 애플로부터 주문이 들어오지 않았다. 주문이 없으면 생산할 수 없다. 그래서 생산라인을 정비하고 점검하면서 대기하고 있었는데, 어느 날 갑자기 애플이 우리한테 물량을 대거 발주했다. 샤프에 재무상 문제가 있다는 얘기가 꾸준히 시장에 퍼지면서 애플이 우리에게 치고 나갈 기회를 준 것이다. 하지만 큰 주문을 받는 것이 항상 성공을 보장하는 것은 아니다. 우리가 애플의 주문을 소화하려면 현장 인원을 무려 1,000명이나 새로 투입해야 했다.

상황을 이해하기 위해서는 카메라모듈 생산라인의 근무 환경에 대한 설명이 필요하다. 카메라모듈 같은 정밀 부품의 생산은 클린룸 clean room 환경에서 이뤄진다. 반도체 관련 소식을 전하는 뉴스에 자주 등장하는 바로 그 장면이다. 제품이나 기술이 고도화되면 제품을 만드는 곳의 아주 조그마한 환경 조건까지도 품질에 큰 영향을 미친다. 눈에 보이지 않을 정도의 미세한 먼지도 용납되지 않는 곳이 클린룸이다. 따라서 클린룸에서 일하는 작업자는 방진복을 둘러쓰고 일해야 한다. 작업하러 들어가기 전에 방진복으로 갈아입고 에어샤워를 통과한다. 에어샤워는 분진 등을 고속의 청정 공기로 세정해 제거해준다. 작업을 마친 후에는 다시 에어샤워를 통과해 자신의 옷으로 갈아입어야 한다. 화장실에 다녀오려면 두 번 옷을 갈아입어야 하는 번거로움을 거친다. 이처럼 클린룸 환경 작업에는 업무 이외의 불편함이 있다.

이런 작업 환경 때문인지 부랴부랴 채용해 현장에 투입한 사람들은 일주일을 버티지 못하는 경우가 많았다. 일주일이 지나면 신규 채용한 사원 중 70% 이상이 그만두기도 했다. 취업 이후 일정 기간 교육을 거치면서 애사심을 갖게 된 사원들에 비해 퇴사율이 너무 높았다.

비상이다!

발주처인 애플도 우리 상황에 신경을 곤두세우고 있었다. 샤프의 물량까지 넘긴 마당에 LG이노텍의 생산이 원활하게 진행되지 않을 경우 세계 시장에서 큰 낭패가 벌어질 판이었다. 애플 본사의 구매 총괄이 매일같이 아침에 컨퍼런스콜로 나를 불러 따지고 다그쳤다.

"왜 카메라모듈 생산이 순조롭지 않습니까?"

"사람을 신규로 채용하고 있음에도 여의치 않습니다."

"그렇다면 다른 방법은 없습니까? 약속한 생산량을 납기에 맞출 수 있습니까?"

몇 날 며칠 궁리에 궁리를 거듭한 끝에 당시 이기동 노조위원장한테 전화를 걸었다.

"지금 우리 회사 상황 알고 계시죠?"

"애플 카메라모듈 공급 건 말씀인가요?"

"예, 그렇습니다. 사람을 아무리 채용해도 당분간 생산 물량 대기가 쉽지 않을 것 같습니다. 현장에 가면 며칠 지나지 않아 그만두는 사람이 많아서요."

"걱정이 이만저만 아니시겠습니다."

"그래서 말인데요. 우리가 일단 애플이라는 큰 거래처와 약속한 물량은 어떤 일이 있어도 납기에 공급해야 하지 않겠습니까?"

"네."

"광주광역시와 오산, 청주, 파주 공장과 구미의 다른 공장에서 일하는 분들이 구미에서 카메라모듈 생산을 함께하는 방안을 생각해봤습니다. 다른 공장은 3교대를 맞교대로 돌리면서 남는 교대 인력이 구미 카메라모듈 라인에서 일하도록 하는 것이죠. 신규 채용 인원으로 생산라인이 채워질 때까지 한시적으로 비상 대응을 하고자 합니다. 현장 사원뿐만 아니라 사무기술직 사원도 동참하도록 하겠습니다. 모두 교대로 구미 현장에 투입할 겁니다. 한양대학교 안산캠퍼스에 있는 연구소의 인원도 참여시키고요. 그러니 다른 공장의 현장 사원 근무지 이동에 대해 위원장님의 이해와 협조를 구합니다."

"회사가 글로벌 부품회사로 성장하는 도약대에 있는데, 노조도 동참해야죠. 노조위원장으로서 근무지 이동과 근무 방식 조정을 돕겠습니다."

노조원의 근무지 이동은 노조로서는 엄청나게 큰 사안이다. 작업장이 바뀔뿐더러 생활 기반도 옮기고 가족과 떨어져서 지내야 하기 때문이다.

애플을 놀라게 하다
—

전사적 동원 체제였다. 다른 공장에 있는 현장 사원만 구미로 가서는 안 될 일이었다. 그렇게 해도 일손이 부족했을뿐더러, 형평성 문제도 있었다. 사무기술직 역시 3개 조를 편성해 구미 생산라인에서 일하기로 했다. 연구소 직원들도 구미 공장에 가서 근무하고 왔다. 본사 직원들도 가서 일했다. 인사와 홍보 부서는 물론이고, 심지어 사내 변호사도 카메라모듈 생산에 참여했다. 사무기술직은 현장 사원에 비해 손은 더뎠지만 왜 그 일을 해야 하는지 알았기 때문에 작업 결과의 품질은 높았다. 시간이 좀 지나면서 생산성도 현장 사원 수준으로 올라갔다.

현장 경험이 자신의 업무에 도움이 되었다는 직원들도 적지 않았다. 예를 들어 연구개발 부서 직원은 직접 손으로 만들어본 뒤 카메라모듈을 떠올리면서 연구개발 활동을 할 수 있게 되었다고 말했다. 또 제조공정을 경험한 관리부서 직원은 원가를 계산하고 절감하는 사고를 구체적으로 할 수 있게 되었다고 들려줬다.

신입사원도 뽑았다. 초기에 신입사원은 일손 부족을 덜어주기보다는 가중시켰다. 신입사원을 교육할 인력이 필요했기 때문이다. 광주광역시 공장에 SOS를 쳤다. 광주 공장에서는 LG전자 휴대폰용 카메라모듈을 생산했다. 광주 공장의 숙련된 현장 사원들을 구미 공장으로 파견해, 그들이 신입사원들을 교육하면서 함께 일하도록 하자고 했다. 베테랑 현장 사원들은 처음에는 주말에도 구미에 머물렀다. 그러다 회사에서 그들이 주말을 가족들과 보낼 수 있도록 버스를 제공하고 선물도 들려 보냈다. 신입사원 교육은 그렇게 다른 사업장 사원들의 도움으로 해결했다. 현장 사원 부족을 해소하는 데에는 교육계로 옮긴 LG전자 선후배의 도움도 받았다. 구미 전자공고의 최돈호 교장과 우송대학교의 우남균 명예총장이 졸업생들의 LG이노텍 취업을 연결해주었다.

애플이 놀라워했다. 카메라모듈이 부족할까봐 조바심을 냈는데, LG이노텍이 상상하지 못한 정도의 물량을 조금의 차질도 빚지 않고 제때 만들어내서였다. 내가 LG이노텍을 대표해서 생색을 냈다.

"노조위원장도 설득하고, 다른 사업장의 사원들도 적극 따라준 결과입니다."

물량이 늘어나면서 LG이노텍에 대한 애플의 신뢰는 차곡차곡 쌓여갔다.

아이폰 생산은 4분기에 정점을 찍고 해가 바뀌면서 서서히 줄어들었다. 4분기 비상 동원 체제 역시 해가 바뀌면서 해제되었다. 그러나 이후에도 애플과의 협업은 단계마다 엄격하고 깐깐하게 밀어붙이는 과정의 연속이었다. 어디에서 생산되든지 카메라모듈의 성능이 균일하게끔 하기 위해 애플은 우리 같은 부품업체에 장비와 소재를 일일이 지정해준다. 또 구체적인 작업지시서를 제시하고 애플의 품질 매니저가 현장에 상주하면서 자신들이 만든 작업지시서에 따라 생산하는지를 점검한다.

우리는 애플의 작업지시서대로 일하는 대신 더 효율적인 방식을 역으로 제안함으로써 상대를 놀라게 했다. 작업지시서는 모델마다 새로 나온다. 따라서 새 모델이 제작되는 현장을 속속들이 알고 작업을 다 해본 상태에서 작성되는 게 아니다. 그러므로 현장에서는 작업지시서보다 작업을 더 잘 해낼 방안을 찾아낼 수 있다.

애플의 품질 매니저는 안전하게 작업지시서대로 일하라고 하고, LG이노텍은 그보다 더 나은 대안이 있다고 제안한다. 설득하고 현장을 보여주면서 품질 매니저의 동의를 구한다. 품질 매니저는 자신의 성과가 걸린 사안이니 신중하지만, 일을 더 잘하는 대안이라고 판단하면 우리의 제안을 채택하지 않을 까닭이 없다. 그렇게 해야 자신의 성과도 좋아지기 때문이다.

초기에 애플 측이 자주 물어본 부분이 있다. "샤프는 베트남으로 생산을 이전해 원가 경쟁력을 높였는데, LG이노텍은 어떻게 대응하려고 하느냐?"는 것이었다. 그에 대해 우리의 답은 한결같았다. "LG이노텍은 생산성과 품질로 대응한다." 다른 회사가 내세우는 원가를 포함한 어떤 요소도 우리의 경쟁 상대가 될 수 없다는 자신감의 표현이었다.

LG의 혁신

LG에 '노사관계'는 없다

　사전적으로 노사관계勞使關係는 '노동 시장에서 노동력을 제공하여 임금을 받는 노동자와 노동력 수요자로서의 사용자가 형성하는 이해관계'를 의미한다. 즉 노사관계에서 '사'는 회사會社가 아니라 사용자使用者를 가리킨다. LG그룹은 '노사관계' 대신 '노경관계勞經關係'라는 단어를 쓴다. 이는 LG전자 고故 이헌조 회장이 만든 것으로, '사용자' 대신 '경영자經營者'를 택한 용어다. 단어의 선택은 태도의 선택과 다르지 않다. 사용자는 노동자와 대립적인 관계를 전제로 한 용어다. 즉 한쪽은 노동을 하고, 다른 쪽은 그 노동을 사용한다는 관계다. 그에 비해 경영자는 노동자와 노동조합의 동의와 협조, 참여를 끌어내 회사를 운영하는 주체이다.

1989년에 전국 주요 기업에서 노사분규가 심하게 일어났다. LG전자에서도 대대적인 파업이 벌어졌다. 창원 공장은 4개월 가까이 지난 뒤에야 조업이 재개되었다. 당시 창원 2공장의 김쌍수 책임이사는 노조가 집단행동에 나선 근본 원인 중 하나가 간부들의 권위주의라고 진단했다.

그는 그래서 경영자와 관리·감독자들이 매일 아침 공장 정문에 도열해 출근하는 사원들에게 허리 굽혀 인사하도록 했다. 처음에는 양측 모두 어색해했다. 사원들도 냉담했다. 그러나 시일이 지나고 인사가 반복되면서 인사하는 측에서는 차츰 마음속 권위주의가 빠져나가게 되었고, 사원들은 마음으로 인사를 받게 되었다. 이는 LG그룹의 노경관계가 구성원들의 마음에 스며든 한 사례다. LG그룹의 노경관계는 경영이념 중 회사 운영의 원칙인 '인간존중의 경영'에서 근본을 찾을 수 있다.

'인간존중의 경영'은 '고객을 위한 가치창조'와 함께 1990년 고故 구자경 회장에 의해 선포됐다. 인간 존중은 진실이 바탕이 되어야 한다. 이를테면 경영진이 회사가 잘 성장할 때 그 실적을 가리고, 상황이 좋지 않을 때 더 나쁘다고 속이면 노경관계에서 신뢰가 형성될 수 없다.

LG그룹 경영진은 그래서 있는 그대로를 투명하게 보여준다. 나도 월례 모임을 통해서 그렇게 했다. 매달 매출을 얼마나 달성했는지, 품목별 실적은 어떤지, 월례 모임을 열고 현장 사원들을 포함한 전 구성원들에게 상황을 공개했다. 신규 사업으로 우리가 무엇을 놓고 고민하고 있는지도 공유했다. 교대 근무로 참석이 어려운 직원들을 위해 발표 내용을 요약해 현장 게시판에 붙여두었다. 그렇게 경영진과 구성원들 사이에 신뢰를 쌓아갔다.

금광이 호황이면 청바지를 만든다

　2010년 3월, 우리나라 언론은 LG가 애플의 아이폰 4G 파트너로 선정됐다는 기사를 대서특필했다. 그 해 2분기에 내놓을 아이폰 후속모델의 핵심 부품인 카메라모듈은 LG이노텍이, LCD액정 표시장치는 LG 디스플레이가 납품한다는 소식이었다. 앞서 LG이노텍이 애플에서 카메라모듈을 수주한 과정을 얘기했는데, 2010년 1월 애플로부터의 수주는 우연이 아니었다. 오랜 시일 체계적으로 준비하고 뜨겁게 구애한 결실이었다. 그 준비 작업은 내가 LG이노텍 부품소재사업본부를 맡은 2010년보다 훨씬 오래전에 시작되었다. 이제 그 과정을 살펴보자.

물길을 거꾸로 오르다

내 직전 전임자인 허영호 사장은 재임 당시 회사를 3단계로 나누어 발전시켰다. 첫째는 생존, 둘째는 성장, 셋째는 1등이었다. 애플로부터의 수주는 1등 전략을 실행한 성과였다.

1등 전략의 배경을 먼저 살펴보자. LG이노텍은 2005년에 매출 1조 원을 돌파했다. 2001년의 약 3000억 원에 비해 3배 이상으로 급신장시킨 것이다. 급성장 이후에는 조직의 긴장이 풀리게 마련이다. 성취 이후 자기만족에 그동안 달려온 피로가 더해진다. 느슨해진 조직을 깨울 새로운 혁신 엔진으로 '1등'이라는 화두를 허 사장이 제시했다. 먼저 세계 시장 1등 상품을 조사했다. 이미 1등에 오른 제품이 상당수 있다는 점이 확인되었고, 앞으로 더 많은 품목을 1등으로 올릴 수 있다는 자신이 구성원 사이에 확산되었다.

1등을 향한 허 사장의 주력 실행 방안은 고객 맞춤형 마케팅 혁신과 선先제안 R&D였다. 마케팅 혁신이 출발점이었다. 그는 이를 '채찍 효과 bullwhip effect'●●라는 개념으로 설명했다. 마케팅을 통한

● LG이노텍이 2020년에 간행한 『LG이노텍 50년사』와 내 전임자인 허영호 사장의 저서 『청정문』(2014, 올림)에 이에 대한 자세한 얘기가 담겨 있다.
●● 채찍 손잡이에서 가해진 작은 힘이 끝부분에서 큰 진폭으로 확대되는 것에 착안하여 붙여진 이름.

신규 수주가 개발과 공정기술, 제조, 구매 등 업무로 이어지고, 마케팅의 움직임은 다운스트림으로 가면서 크게 증폭된다는 것이었다. 기존 마케팅 활동은 LG그룹 계열 사와 국내 업체, TV용 부품 시장에 집중되어 있었다. 급성장하는 모바일 시장과 새로 커지는 차량 관련 시장을 공략해야 했다. 그러려면 마케팅 역량을 끌어올려 전과 다른 방식으로 고객에 접근해야만 했다.

마케팅이라면 대개 대중매체에서 접하는 소비자 대상 광고부터 떠올린다. 그것은 B2C 마케팅이다. 체계적인 B2B 마케팅은 당시 로선 담당자 대부분에게도 생소한 영역이었다. LG이노텍은 『보스턴컨설팅그룹의 B2B 마케팅』● 을 참고해 자체적으로 마케팅 교본을 제작했다. 이론과 실무를 아우른 자료였다.

마케팅 실행 단계에서는 우선 전략 고객들을 선정하고 해당 전략 고객 전담팀을 구성해 가동했다. LG이노텍이 전략 고객들에 공급할 만한 부품은 예컨대 카메라모듈이 있었다. LG이노텍은 먼저 전략 고객사의 조직도를 입수해 구매 경로와 의사결정에 영향을 미치는 변수를 파악했다. 부품회사가 제안하면 그 제안은 R&D 담당자가 접수한다. 이를 R&D 프로젝트 책임자가 승인한다. 다음 단계는 제조 담당자가 결정한다. 최종 승인은 품질 부문에서 내린다.

● 이마무라 히데아키 지음, 정진우 옮김, 보스턴컨설팅그룹(BCG) 감수, 2007, 비즈니스맵.

부품사를 선정하는 기준은 혁신적 차별화 솔루션, 3초 ^{초박형·초경량·초절전} 성능 구현, 전용 생산라인 운영, 설비 증설 등에 대한 신속한 의사결정 등이었다.

고객 맞춤형 마케팅 혁신은 대외적인 활동이었고, 선제안 R&D는 대내적인 활동이었다. 선제안 R&D는 고객 맞춤형 마케팅에 반드시 수반되어야 했다. 고객에 맞춰 마케팅을 하려면 LG이노텍만의 고객 가치를 창출해 제공해야 하는데, 고객 가치의 핵심은 R&D이기 때문이다. 고객 맞춤형 마케팅에 필요한 R&D는 한발 앞서 길목을 지키는 부품을 만드는 것이었다. LG이노텍은 그런 부품을 제조하기 위한 핵심 원천기술을 확보해나갔다.

그즈음 스마트폰으로 인터넷, 영화, TV, 사진 등을 이용할 수 있게 되면서 스마트폰 화면이 커지고 해상도도 높아졌다. 이 추세에 대응하고 흐름을 선도하려면 카메라모듈 성능을 개선해야 했다. LG이노텍은 2008년 500만 화소에 이어 2009년 800만 화소 카메라모듈을 양산하기 시작하며 선두로 치고 나갔다. 특히 렌즈의 심도와 정확도를 높이는 VCM 방식 기술을 독자 개발해 적용했다.

준비를 마친 LG이노텍은 애플에 러브레터를 보냈다. 프로젝트를 시작한 이래 주요 활동을 짧은 동영상으로 제작해 전달했다. 매우 호의적인 반응이 돌아왔다. 2010년 애플의 카메라모듈 공급업체로 선정된 것은 그 결과물이었다.

임기응변을 발휘하다

―

글로 쓰니 술술 일이 풀린 듯 보이지만, 선정 의사결정이 확정되기까지는 여러 고비가 있었다. 가장 큰 문제는 양산 능력이었다. 애플 측은 2010년 1월 광주광역시 공장을 실사하러 왔다. 애플 사람들은 카메라모듈 양산을 놓고 구체적인 여건을 짚어나갔다.

"광주광역시 공장에는 카메라모듈을 대량으로 생산할 공간이 없군요."

사실이었다. 애플은 새 모델을 개발하면 집중적으로 생산해 전 세계 시장에 출시한다. 따라서 카메라모듈도 출시를 앞둔 몇 개월 동안 대량으로 만들어내야 했다. 그러기엔 광주 공장은 여력이 부족했다.

회의에 참여하고 있던 LG이노텍 담당자들이 기지를 발휘해 대안을 떠올렸다. 2009년 LG마이크론을 합병하면서 놀리고 있던 구미 공장이었다.

"구미 공장에서라면 카메라모듈을 단기에 대량으로 만들어낼 수 있습니다."

"구미가 어디죠? 여기서 가려면 시간이 얼마나 걸리나요?"

"그리 멀지 않으니 함께 가보시죠."

양측은 바로 구미를 방문하기로 했다. 그런데 하필 출발한 시점이 점심시간을 얼마 남기지 않은 때였다. 남아 있던 LG이노텍 담당자들이 서둘렀다. 급히 인원에 맞춰 햄버거를 사 들고 회사 차를 따라갔다. 휴게소에서 애플 사람들을 만나 햄버거를 제공하면서 "조금만 더 가면 구미"라고 말했다. 유휴 공장 건물을 본 애플 사람들은 공간은 충분하다고 말했다. 그러나 그 공장 건물에는 카메라 모듈 생산에 필요한 클린룸 시설 등이 없었다.

"후속 모델 생산 일정을 고려할 때, 앞으로 60일 안에 공장 건물을 리모델링해야 합니다. 가능한가요?"

"일반적으로 공장 건물 리모델링에는 120일 정도 소요됩니다. 그러나 공기工期를 앞당길 수 있습니다."

"그 말을 믿겠습니다. 이 공장을 개조하고 여기에서 카메라모듈을 생산해주십시오."

LG이노텍은 일정을 더 단축해 45일 만에 구미 공장에 카메라모듈 전용 생산라인을 갖췄다. 단일 품목으로 연 매출 1조 원을 달성할 수 있게 된 것이었다. 여러 언론이 전한 낭보는 이런 고비와 기지를 발휘한 대응, 신속한 실행을 거친 결과였다.

당시 한 경제지가 내놓은 기사를 보면 애플이 LG이노텍을 낙점한 요인으로 높은 품질 경쟁력을 꼽았다. 기사는 "LG이노텍은 2004년 카메라모듈 사업을 시작한 뒤 1200만 화소급 개발에 성공하는 등 기술력을 평가받고 있다"고 설명했다. 그 근거로 "2008년

3월 내놓은 6.1mm의 초슬림 300만 화소급 카메라모듈을 2009년까지 1000만 대 이상 팔았다"는 사실을 들었다. 기사는 업계 관계자의 말을 인용해 아이폰4G에 들어가는 카메라모듈은 디지털카메라와 비슷한 600만~800만 화소급이 될 것이라고 전했다. 이 문장의 행간에는 LG이노텍이 고객 맞춤형 선제안 R&D를 통해 고사양 카메라모듈을 공급할 태세를 갖췄음을 읽을 수 있다. 그러나 LG이노텍이 다년간 준비해 추진한 마케팅 활동이 주효해 수주에 이르렀다는 배경까지 설명하지는 않는다.

새 카메라모듈은 구미 공장에서 2010년 4월부터 생산되었다. 사양은 디지털카메라급 VCM 방식 500만 화소였다. 이 카메라모듈은 초소형·초박형에 저전력화를 실현하면서 가격경쟁력도 갖추고 있었다. LG이노텍은 더욱 이 수율을 1개월 만에 최고 수준으로 끌어올리면서 품질과 납기에서 애플의 신뢰를 받게 되었다. LG이노텍은 이를 기반으로 2011년 세계 카메라모듈 시장에서 점유율 1위에 올랐다.

"기회라는 놈은 온몸이 미끈거리고 앞머리에만 털이 한 움큼 있기에, 알아차리는 사람만 정면에서 잡을 수 있다"는 말이 있다. 준비한 사람만 기회를 잡는다는 말이다. LG이노텍은 준비된 회사였다. 그뿐만 아니라 우리는 기회를 기다리기만 하는 대신 적극적으로 다가가서 기회를 포착했다.

LG이노텍은 후발주자로 2003년 3월 휴대폰 카메라모듈 개발에 착수했다. 카메라모듈은 쉽게 말해 렌즈로 들어오는 광신호를 전기 신호로 변환해 스마트폰 같은 기기의 화면에 디스플레이해주는 장치다. 당시 국내 카메라모듈 공급은 해외업체들이 독차지하고 있었다. 처음 출시한 시기는 2003년 말이었고, 화소는 30만이었다. 2004년 100만 화소 이상으로 기술 수준을 발전시켰고, 2005년에는 200만 화소 시장에 진입했다. 2007년에는 세계에서 가장 얇은 200만 화소 카메라모듈 2종을 개발했다. 각 카메라모듈의 두께는 각각 4.35mm와 5.0mm이었다.

LG이노텍은 2010년대 이후 스마트폰 사진 화질 경쟁에 발맞춰 DSLR 수준의 스틸 이미지와 동영상 촬영 구현을 개발 방향으로 잡았다. 화소 1000만 이상과 광학식 손떨림 보정 기능 OIS 장착, 초소형이라는 구체적인 목표를 설정했다. 2013년 3월에는 1300만 화소 손떨림 보정 카메라모듈 시제품을 선보였다. 이 카메라모듈은 글로벌 평가업체 폰 아레나로부터 1위에 선정되었다. 이 시제품은 양산 단계에서는 두께가 5.75mm로 더 얇아져, 동급 가운데 초박형으로 제조되었다. LG이노텍의 1300만 화소 손떨림 보정 카메라모듈은 2014년 대한민국 기술대상에서 산업통상자원부 장관상의 영예를 안았다.

화질에서 앞서가는 동시에 2015년에 아웃포커스 촬영 기법을 가능하게 하는 듀얼 카메라모듈을 선보였다. 듀얼 카메라모듈은 표준화각과 망원화각을 갖는 카메라 두 대가 정교하게 조립되어 만들어졌다. 3년 뒤인 2018년에는 표준화각, 망원화각, 그리고 흑백 카메라로 구성된 트리플 카메라모듈을 세계 최초로 개발했다.

제발 일 좀 그만하세요

성공적인 인생과 경영은 점, 선, 면, 입체로의 확장이라고 생각한다. 어떤 계기로 어디선가 마주친 점을 내 현재 삶과 일의 해당 지점과 연결하면 선이 된다. 그 선을 실행하면 면이 되고, 그 면을 지속해서 밀고 나가면 입체를 구성하는 것이다.

선문답 같은 이 이야기를 내 경험에 대입해보자. 최초의 점을 나는 2001년 IMPM 과정에서 접했다. IMPM은 '경영 실행을 위한 국제 석사 과정International Master's Program in Practicing Management'의 약어로, 캐나다 맥길대, 프랑스 인시아드, 영국 랭커스터대, 인도 벵갈루루 경영대학원, 일본 과학기술원JAIST 등 다섯 곳이 공동으로 운영한다. 이사 이상 직급의 경영자들이 세계 각국의 기업 사례를 배우고 의식 개혁을 통해 문제해결 능력 향상을 도모하는 과정으로, 수강자들은 1년 6개월간 각 교육기관에서 2주씩 교육을 받는다.

퇴근해야 출근이 기다려진다
—

이 과정에서 마주친 '점'이 바로 '워라밸 Work-life balance'이라는 용어와 개념, 사례, 효과다. 지금은 모두가 아는 용어지만, 그 무렵 우리나라에는 한 번도 소개되지 않은 개념이었다. 당시 국내에서는 '저녁이 있는 생활'은커녕 일이 있으면 토요일은 물론이고 일요일에도 출근해서 근무했다. 국내에서 주5일 근무제는 2002년 시중은행과 증권사에 이어 2004년에야 대기업에서 시행되었다.

처음 접한 '워라밸'이라는 개념은 충격적이었다. 그러나 집중해서 근무한 뒤 쉴 때는 쉬어야 업무 효율도 높아진다는 평소 내 생각과 일치하는 내용이기도 했다. 업무에서 벗어나 사람을 만나고 새로운 경험을 하는 시간은 업무 효율을 높여줄 뿐 아니라 업무와 관련한 아이디어를 얻을 수 있다. 수업을 통해 워라밸의 필요성을 절감한 나는 언젠가 내가 경영하는 조직에 이를 적용하리라고 마음먹었다.

IMPM에서 접한 점을 뚜렷한 선으로 연결해 시행한 것은 2012년 LG이노텍에 대표이사로 부임하면서였다. 이때는 참고할 국내 사례를 공부한 뒤였다. 국내 사례는 『우리는 천국으로 출근한다』●에 잘 정리되어 있었다. 이 책은 건설사업관리CM 업체 한미파슨스를 창업해 키워낸 김종훈 회장이 썼다. 김 회장은 '구성원 개개인은 출근하는 것이 즐거워야 한다'는 등의 네 가지 조직문화 목표를 세웠다고 들려줬다. 그는 "일에 대한 집중은 성과를 높이지만 일중독은 오히려 성과를 떨어뜨린다"라며 "쉬지 않고 일만 해서는 절대로 집중력을 높일 수 없다. 따라서 휴식은 새로운 도약을 위한 활력소다. 잘 놀고 잘 쉬는 사람이 일도 잘한다. 휴식은 업무에 대한 집중도를 높여주는 데서 나아가 창의적 사고의 원천이 된다"라고 설명했다.

각종 자료를 통해 워라밸이 시대적 흐름이라는 판단도 했다. 통계청의 2012년 조사에 따르면 맞벌이 가정이 44%로 외벌이 가정 42%보다 많았다. 한국직업능력개발원이 2014년에 직장인을 대상으로 '성공'에 대해 조사한 결과, 일과 가정의 양립이 가장 우선시되었고, 그다음이 안정된 직장과 경제적 안정, 승진 순이었다. 또한 사회적으로는 장시간 근로를 제한함으로써 일과 가정의 양립을 지

● 김종훈, 2010, 21세기북스.

원하는 제도가 마련되고 있었다.

휴식과 여가에 대한 김 회장의 지론에는 전적으로 동의하는 바였다. 나는 이를 확장해 출근이 기다려지는 회사를 만들기로 했고, 그러기 위해 '퇴근 후'를 보장하기로 했다. LG이노텍의 실적은 순항하고 있었지만, 워라밸은 모험이었다. 야근을 기본으로 하는 업무 수행 방식이 관행으로 자리 잡고 있던 때였다. 연구소는 밤새도록 불이 켜져 있어야 한다는 통념이 있었다. 워라밸을 실행했다가 성과가 나지 않는 가운데 실적이 악화될 경우 책임을 져야 할 게 분명했다.

결단을 내렸다. LG이노텍 임직원들 모두 워라밸을 시행하도록 했다. LG이노텍 워라밸 프로그램의 명칭은 '출기회', 즉 '출근이 기다려지는 회사'였다. 구성원들에게 사내 여러 채널을 통해 수시로 출기회의 취지를 다음과 같이 설명했다.

"회사 생활을 하면서 행복하고 즐거워야 업무에 몰입할 수 있습니다. 또 퇴근 후 가정에서 충분히 휴식을 취하고 다양한 여가활동을 하는 가운데 새로운 아이디어도 나옵니다. 이처럼 회사의 성과 창출에도 도움이 되는, 여러분의 개인 활동과 가정생활을 회사는 최대한 배려하겠습니다. 퇴근 이후가 즐거워야 출근이 기다려지는 회사가 되지 않겠습니까?"

먼저 구성원들이 꼭 필요해서 야근하는지 물었다. 윗사람이 퇴근 시각이 지나도 사무실에 있으니 야근을 하게 된다는 답변이 많았다. 그리고 어차피 야근할 테니 업무 시간에는 업무 이외의 일을 하면서 시간을 보낸다는 것이었다. 업무 시간 중 업무에 몰입하는 시간은 30%가 채 안 되었다. 어렴풋이 인식하던 문제가 구체적으로 바뀌었다. 업무 시간에는 업무에 집중하고, 정시에 출퇴근하도록 했다. 퇴근 후 시간을 보낼 프로그램도 기획해 제공했다. 이를테면 사내에 '좋은 부모 되기 특강'을 마련해 임직원들이 자녀 교육과 올바른 부모의 역할을 고민하고 노하우를 익히도록 했다. 또 '사랑은 편지를 타고' 프로그램을 통해 가족끼리 예상하지 못한 편지를 주고받도록 연결했다. 미혼 남녀 임직원을 소개해주는 프로그램도 진행했다. 당시 LG이노텍의 워라밸은 지상파 방송의 뉴스에도 나올 정도로 화제가 되었다.

가족과 함께하는 기업으로

―

2013년에는 더 다각도로 가족친화경영을 벌였다. 예를 들어 일할 때는 몰입해서 근무하고 쉴 때는 충분히 재충전하도록 집중 근무 시간 운영, 연간 권장휴가 캘린더 활용, 2주간의 장기 휴가 등의 활동을 폈다. 또 전 사업장에 임직원이 자녀를 맡길 수 있는 어린이집을 개원했다.

2014년에는 '이노부심' 활동을 전개했다. 이는 'LG이노텍의 구성원이라는 자부심'을 줄인 말이다. 이 활동을 이노워크와 이노이브닝, 이노위캔드, 이노베이케이션 등 캠페인으로 펼쳤다. 이노워크는 일하는 문화를 혁신해 핵심 업무에 집중하고 저부가가치 업무는 제거하자는 내용이었다. 이노이브닝은 업무를 마치면 눈치 보지 않고 퇴근하자는, 이노위캔드는 주말에는 제대로 쉬자는, 이노베이케이션은 본인이 원할 때 미리 준비해서 의미 있는 휴가를 보내자는 내용이었다.

이 같은 활동을 바탕으로 LG이노텍은 2014년 여성가족부로부터 가족친화기업으로 인증받았고 가족친화 우수기업 국민포장을 받았다. 선을 면으로 연결하고, 면을 연결해 입체로 키운 성과를 정부로부터 인정받은 것이었다.

외부의 평가도 뿌듯했지만, 더 흐뭇한 반응은 내부 구성원과 가족의 행복이었다. 출기회에 대한 호응을 담은 두 편지의 일부를 소개한다. 앞 편지는 2015년에, 뒤 편지는 2014년에 받았다.

오래전부터 사장님이 강조하신 몰입과 집중에 대한 철학이 저와 우리 LG 이노텍을 참 많이 변화시킨 것을 새삼스레 느낍니다. 특히 사람이 열 시간 일해서 열 시간 아웃풋을 낸다면 기계와 다를 바가 없으니, 새로운 방식을 찾아야 한다는 말씀이 제게 큰 자극이 돼 저를 탈바꿈하는 계기가 되었습니다. 사장님의 챌린지가 때론 가혹하게 느껴질 때도 있었지만, 이제 돌이켜볼 때 LG이노텍의 수준과 임직원들의 눈높이를 몇 단계 올린 중요한 계기가 된 것 같습니다.

저 개인적으로는 LG이노텍의 임직원이라는 것이 더욱 자랑스러워졌고, 보다 근본적인 높은 목표를 지향하고 빠르게 실행하는 것이 습관이 되었으며, 일과 삶의 균형을 찾아서 제 인생의 질을 높이게 되었습니다. 이는 비록 개인적인 성과이지만 사장님 덕에 더욱더 보람찬 하루하루를 보내게 되었으니 마땅히 감사드릴 일입니다.

남편의 퇴근은 저에게는 사막의 오아시스와 같습니다. 퇴근한 ○○○ 선임은 행복한 가정으로 출근합니다. 쌓여 있는 설거지, 빨래, 청소를 척척 해내고 아이와 놀아주고 아기 목욕까지 척척척. 여기서 가장 중요한 점은 늘 기쁜 마음으로, 행복한 마음으로 한다는 것입니다. 저는 그런 남편 모습에 고맙고 감동해서 남편을 더 사랑하고 존경하게 됩니다. 사랑으로 힘든 육아를 즐기고 아기를 더 사랑할 수 있어 더욱 행복하고 따뜻한 가정을 이룰 수 있는 것 같습니다.

남편이 예전처럼 10시에 퇴근했다면 이 모든 것이 불가능했겠죠. 저는 육아에 지치고 신랑은 일에 지치고, 만성 피로가 서로를 예민하게 하고 결국 갈등이 생겨 싸움이 되고 힘든 시기를 보냈을 거예요. 저희뿐만 아니라 다른 많은 부부가 가족과 함께 행복한 시간을 보낼 수 있도록 해주셔서 정말 감사합니다.

내 얼굴을 연필로 그린 그림도 선물받았다. 그 사원은 정시 퇴근 덕분에 저녁 시간에 그동안 하고 싶었던 그림 그리는 취미 활동을 할 수 있었다. 그러면서 저녁이 있는 근무 환경에 대한 고마움을 내 초상화를 그려서 표시한 것이었다.

나는 아울러 임직원 맞춤형 케어 프로그램을 운영하여 생애 주기별로 다양한 가족 맞춤 이벤트를 벌이도록 했다. 예를 들어 임직원의 자녀 출산이나 자녀의 초등학교 입학, 대학 입시에 맞춰 CEO 메시지와 함께 축하와 격려 선물을 보냈다. 이는 내가 레코딩미디어사업부장 때부터 해온 활동의 연장이었다.

출기회는 2018년에 내가 회사를 떠난 뒤에도 계속되었다. 내가 떠난 뒤 발간된 『LG이노텍 50년사』에 따르면 임직원 가족을 회사에 초청하는 행사도 했다. 가족들은 회사를 방문해 업무를 이해하면서 가족을 더 응원하게 되었다. 가족 초청 행사는 해외법인에서도 진행되었다.

출기회는 입사선호도를 대폭 개선하기도 했다. 대학생 인지도가 2013년 51%에서 2014년 71%로 올랐다. 무엇보다 일과 삶의 균형에 대한 구성원 만족도가 2015년에 85%까지 상승했다. 이 모든 활동과 행복, 성과의 출발은 IMPM 강의가 찍은 작은 점 하나였다.

개미가 혁신에 실패하는 이유

　기업은 경영자의 이어달리기를 거치며 발전하고 도약한다고 생각한다. 한 경영자가 이룬 기초에 후임 경영자가 성과를 이룩하기도 하고, 현 상태를 비약적으로 끌어올리는, 이른바 '퀀텀 점프'가 이뤄지기도 한다. LG이노텍의 두 번째 퀀텀 점프가 카메라모듈에서의 세계 시장 선도라면, 그에 앞선 첫 번째 퀀텀 점프는 매출 1조 원 돌파였다.

　시점을 2003년으로 돌려 제1차 퀀텀 점프 상황을 살펴보자. 이 부분은 LG이노텍에도 전파된 LG전자의 경영혁신을 이해하는 참고자료가 될 수도 있다.※

2003년은 LG이노텍을 창립한 지 33년이 된 해다. 허영호 사장은 사람으로 치면 중년으로 접어든 회사의 단기 목표를 놓고 구성원들의 의견을 모았다. 뜻밖에 연 매출 1조 원이라는 목표가 나왔다. 달성 시점은 2년 후인 2005년으로 잡혔다. 도전에 나섰다.

LG이노텍의 대주주는 지분 41%를 보유한 LG전자이다. 김쌍수 부회장은 앞서 그해 3월에 LG전자의 대표이사로 선임되었다. 허 사장은 LG이노텍을 방문한 김 부회장에게 목표를 보고하면서 칭찬과 격려를 기대했다. 그러나 김 부회장은 뜻밖에도 당장 1년 뒤로 시기를 앞당겨 목표를 달성하라고 주문했다. 매출을 한 해 만에 두 배로 올리라는, 실현 가능성이 제로에 가까운 주문이었다.

이는 실현 가능해 보이는 수준보다 높은 목표를 설정하고 추진하도록 하는 김 부회장의 리더십 스타일을 보여준 사례다. 그는 혁신적인 접근을 "일을 대하는 자세와 사고방식, 업무 프로세스와 생산 공정, 마케팅에 만연한 매너리즘에서 탈피한 진정한 변화와 혁신"으로 나누어 설명했다.

그가 드는 사례가 인쇄회로기판PCB 크기를 반으로 줄인 혁신이다. PCB 크기를 줄이면 재료비를 절감해 원가를 낮출 수 있다. 김

● 이 부분을 정리하는 데에는 허영호 사장의 『청정문』과 김쌍수 부회장의 『5%는 불가능해도 30%는 가능하다』 (2010, 한스미디어), 『LG이노텍 50년사』를 참고했다.

부회장은 그래서 PCB 크기를 줄이는 개선 활동을 지시했다. 담당 팀이 2주가 지나 그에게 보고한 진척도는 미미했다. 부품 몇 개를 빼내고 공간의 여백을 조금 줄인 정도였다.

김 부회장은 옆에 있는 직원에게 톱을 가져오라고 지시했다. 톱으로 PCB를 반으로 잘랐다. 반쪽이 된 PCB를 주면서 "3개월 뒤에 이만한 크기로 만들어 오라"고 지시했다. 3개월 후 담당팀은 크기를 절반으로 줄이고도 품질은 유지한 PCB를 만들어냈다. 5%도 불가능한 상황에서 50%를 실현한 셈이다.

PCB 절반 프로젝트를 성공시킨 과정은 원점에서 출발한 혁신을 보여준다. 기존 방식으로는 불가능함이 확실했다. 전문가들은 부품이 꼭 필요한지, 다른 부품과 통합할 수 없는지 따져보기 시작했다. 부품 하나하나에 이 질문을 던지면서 대안을 찾아나가자 어느덧 PCB 크기가 절반으로 줄어들었다.

LG이노텍의 상황으로 돌아오자. 김 부회장의 지시에 허 사장은 어떻게 대응했을까? 허 사장은 이의를 제기하거나 상황을 설명하는 대신 그 지시를 받아들여 목표를 수정했다.

알베르트 아인슈타인은 이런 말을 남겼다. "같은 일을 반복하면서 다른 결과를 기대하는 것은 미친 짓이다." 바꿔 말하면, "전보다 나은 결과를 얻으려면 전과 다르게 접근해야 한다"가 된다. LG이노텍이 바로 이렇게, 전과 다르게 접근했다. 기존 사업만으로는 1년 만에 매출을 50% 신장시키지 못한다. LG이노텍은 이 목표를 이루기 위해 신규 품목 발굴에 나섰다. 디스플레이와 휴대전화 단말기, PC 등의 네트워크 관련 부품들이 당시 선정된 품목들이다. 신규 품목을 도약대 삼아 LG이노텍은 2004년에 매출을 큰 폭으로 키워냈다.

결과적으로 목표 달성은 실패했다. 그러나 LG이노텍은 2004년 11월 월매출을 사상 처음으로 1000억 원 넘게 올렸다. 그럼으로써 매출 1조 원 달성의 기반을 확보했다. 이는 방산 부문이 LG이노텍에서 분리되는 가운데 일궈낸 실적이라는 점에서 의미가 컸다. 그 기반 위에 LG이노텍은 2005년에 매출 1조 원을 넘길 수 있었다. 만약 처음대로 2005년 목표를 1조 원으로 놓고 뛰었다면 2005년 매출은 그에 훨씬 미치지 못했을 것이다.

LG의 혁신

5%는 불가능해도 30%는 가능하다

5%는 불가능해도 30%는 가능하다.

김쌍수 부회장은 이 같은 '30% 이론'을 주창했다. 앞뒤가 맞지 않는, 실현 불가능한 이론처럼 들린다. 대개들 이 말을 그렇게 받아들였고, 그렇게 생각한다. 김 부회장은 이에 대해 "절대 그렇지 않다"면서 "내가 수십 년 동안 성공을 경험하면서 얻은 깨달음"이라고 말한다.

제조업에서 혁신을 달성하기 위한 통상적인 접근은 4M^{Man, Machine, Material, Method}을 바꾸는 방식으로 이뤄진다. 4M을 변경 없이 1년간 반복하면 생산성이 7% 정도 향상된다고 한다. 최신 설비를 도입하면 그보다 더 앞서갈 수 있다. 생산의 일부를 해외로 옮기는 선택도 있다. 이는 인력을 바꾸는 변경에 해당한다. 새로운 소재를 투입해 생산성을 더 올릴 수도 있다. 가장 혁신적인 방법은 공정 개선이다. 공정을 개선하면 생산성을 획기적으로 높일 수 있다. 공정 개선은 대개 설비 개선과 함께 진행된다.

'30% 이론'에 따른 대표적인 혁신이 LG전자 에어컨사업부에서 이뤄졌다. LG전자는 그 무렵 국내 시장에서조차 2등에 머물러 있었다. LG전자는 에어컨 사업을 접느냐 마느냐의 갈림길에 섰다. 이때 '초절전 에어컨을 개발한다면 미래가 있다'는 아이디어가 나왔다. LG전자는 기존 에어컨보다 50% 이상 절전하는 에어컨을 개발한다는 절체절명의 과제를 설정했다.

연구원들은 일본에서 사용하는 기술을 떠올렸다. 냉매를 압축하는 압축기compressor를 인버터inverter로 제어하는 방식이 해법이 될 수 있다고 판단한 것이다. 그러나 인버터 방식을 적용하려면 기존 생산라인을 교체해야 했다. 생산 원가가 높아지는 문제에 부딪힌 연구원들은 방향을 바꿨다. 용량을 반으로 나눈 두 대의 작은 압축기가 하나의 사이클 속에서 움직이도록 하자는 아이디어가 나왔다.

난제가 한둘이 아니었다. 두 대가 한 몸처럼 작동하면서도 온도 변화에 따라 각각 운전과 정지를 반복해야 했다. 내부의 냉매와 오일을 두 대에 정확하게 배분하기도 어려웠다. 또 소음과 진동 문제도 해결해야 했다.

LG전자는 무수히 많은 실험과 실패를 통해 문제들을 하나하나 풀어나갔다. 그리고 결국 기존 제품보다 60%나 소비전력을 절약하는 '휘센 에어컨'을 개발해냈다. 30%가 아니라 그 두 배인 60%를 달성한 것이다. 2001년에 출시된 휘센 에어컨은 세계 40개국에서 시장점유율 1위에 올랐다.

5%도 불가능해 보였는데 30%나 실현한 사례는 더 있다. 그렇다면 '30% 이론'의 성과는 이변이 아닐 것이다. 광운대 이홍 경영학과 교수는 LG전자 에어컨사업부의 성과를 다음과 같이 설명한다.

"5%라는 낮은 목표는 오히려 혁신적인 생각을 해내는 데 장애가 된다. 즉, 5%를 목표로 정하면 사람들은 기존의 방법을 개량해 목표를 달성하려고 한다. 하지만 기존 방법은 이미 개량의 한계에 이른 경우가 많다. 그런데도 기존의 방법을 동원해 해답을 찾으려고 하다 보면 결국 5% 목표도 달성하지 못한다. 반대로 목표를 50%로 정하면 기존 방법으로는 목표를 달성할 수 없음을 일찍 깨닫고 혁신적인 접근을 시도한다."

헤엄치지 않는 상어는
죽은 상어다

LG이노텍의 2021년 매출에 대한 KB증권의 전망치는 15조 2000억 원이었다. 이대로라면 매출 1조 원을 돌파한 2005년을 기준으로 잡았을 때 LG이노텍은 16년 만에 매출을 무려 15배 신장시킨 성과를 올리게 되는 것이었다.• 내가 본부장 2년에 이어 대표이사로 4년간 재직한 LG이노텍의 이 같은 발전이 자랑스럽다. 나 역시 경영자로서 LG이노텍의 성장에 기여했다는 보람이 크다. 물론 내 전임자 허영호 대표가 주춧돌을 놓고 기둥을 세웠기에 오늘

• 2022년 1월 말 기준 매출 14조 9456억 원, 영업이익 1조 2642억 원.

날의 LG이노텍이 될 수 있었다. 나는 그 바탕 위에 이런저런 난관을 넘으며 실행하면서 사업을 궤도에 올려놓고 원활하게 돌아가도록 했을 뿐이다. 내 이후의 성과는 후임 경영자 박종석 대표이사와 현재 경영자 정철동 대표이사의 공이다.

그러면 LG이노텍은 눈부신 성장만을 거듭했을까. 그렇지는 않았다.

퇴출 기업 명단에 오르다

LG이노텍은 1970년에 설립된 금성알프스전자에 뿌리를 두고 있다. 금성알프스전자는 일본 알프스전기와의 합작사로 설립된 회사다. 초기에는 TV 전원 스위치와 기계식 튜너 등 핵심 부품을 국산화하며 당시 불모지였던 국내 부품산업에서 국산화를 선도했다. 그러던 중 1997년 외환위기 때 절체절명의 위기에 처했다. 회사는 자본잠식 상태에 빠졌고 급기야 정부의 퇴출대상 기업 명단에 포함되었다. 1999년 LG정밀과 합병하고 이듬해 사명을 LG이노텍으로 변경하며 간신히 위기를 벗어났지만, 가장 커다란 문제는 여전히 남아 있었다. 바로 품질이었다.

이때 해결사로 등장한 이가 허영호 사장이다. 앞서 허 사장은 적자에 빠진 LG마이크론에 부임하여 흑자로 전환시킨 바 있었다. LG마이크론은 나중에 LG이노텍과 합병돼 한 회사가 됐지만, 합병 전 심각한 재무적인 문제를 안고 있었다. 여유자금으로 대기업의 회사채를 대거 매입했다가 외환위기 때 그 대기업이 퇴출당하는 바람에 회사채를 회수하지 못하게 된 여파였다. 허 사장은 LG마이크론의 주력 품목인 컬러 브라운관용 섀도마스크에서 돌파구를 찾았다. 기본으로 돌아가 품질을 높이고 원가를 낮췄다. LG마이크론은 위기를 벗어나며 2000년 12월 코스닥시장에 주식을 상장했다.

핀포인트 진단과 처방

허 사장은 2001년에 LG이노텍 부품사업본부장으로 합류했고, 이 듬해에 대표이사에 취임했다. 앞서 이야기했듯이 당시 LG이노텍이 갖고 있던 가장 심각한 문제는 품질이었다. 공정 불량률이 2만PPM에서 15만PPM까지 나왔다. 백분율로 환산하면 2~15%였다. 허 사장은 현장에 붙어살다시피 하며 원인을 파악했다. 그리고 기판 위에 회로를 장착시키는 칩 마운트 공정에 문제가 있다는 사실을 알아냈다. 일반적으로 이 공정은 칩을 고속으로 한 개씩 탑재하는데, LG이노텍은 한꺼번에 300~400개를 탑재했다. 이런 멀티칩 마운트 공정은 생산 속도는 압도적으로 빨랐지만 불량률이 너무 높았다. 허영호 사장은 불량률 3만PPM을 10분의 1 이하인 3,000PPM 이하로 낮추자는 목표를 제시했다. 기간은 6개월. 말단 직원은 물론 간부들까지 20년이 지난 구식 설비로는 불가능하다고 얘기했다. 이에 허 사장은 자발적 참여를 끌어내기 위해 먼저 구성원들의 의견을 청취하고 수렴했다. 누구나 참여해 논의한 끝에 '이기는 경영: 악착같이, 될 때까지, 끝까지!'라는 구호를 정하고 사업장의 눈길 닿는 곳곳에 걸어놓았다.

불가능해 보였던 이 프로젝트를 7개월 만에 성공시키면서 현장 중심 혁신에 불씨가 지펴졌다. LG이노텍은 품질 향상과 신규 사업 투자를 통해 영업수지를 2001년 188억 원 적자에서 2002년 132억 원의 흑자로 전환시켰다. LG이노텍의 2001년 매출은 약 3000억 원에 인원은 500여 명이었다. 2002년에는 매출 약 4000억 원, 2003년에는 매출 5000억 원을 올렸다. 2005년에는 매출 1조 원을 넘었고 인원도 1000여 명에 이르렀다. 2006년 매출은 약 1조 2000억 원이었다. LG이노텍은 2008년 한국거래소 유가증권 시장에 주식을 상장했다.

LG이노텍의 성장

—

2009년 LG이노텍은 LG마이크론과 합병함으로써 종합부품회사로 거듭났다. 튜너와 모터, 모듈, 디스플레이 반도체 부품, LG전자의 PCB사업을 아우르게 된 것이다. 합병 즈음 시장의 큰 변화는 휴대폰이었다. 세계 휴대폰 시장이 급성장하는 가운데 애플이 2007년 첫 아이폰을 내놓은 뒤 2008년 3세대 통신용 아이폰3G를 히트시켰다. 당시에는 LG전자 휴대폰 사업도 세계시장 점유율 3위를 기록하는 등 호조를 보였고, 그에 따라 PCB 사업이 회사의 성장세에 힘을 더했다. LG이노텍은 소형 모터의 품질을 개선함으로써 당시 세계 휴대폰 시장의 선두주자인 노키아의 주력 공급업체가 될 수 있었다.

2000년대 중후반부터 모바일 시장을 전략적으로 공략했는데, 특히 카메라모듈에 집중했다. 2010년에는 애플의 아이폰에 들어가는 카메라모듈 공급을 개시했다. 애플의 주요 카메라모듈 공급업체로 성장하면서 LG그룹 계열사에 대한 매출 의존도를 낮춰나갔다.

LG이노텍은 카메라모듈 기술로 앞서나갔다. 2011년에 국내 최초로 광학식 손떨림 보정 기능을 적용한 800만 화소 자동초점 카메라모듈을 개발했다. 이어 2013년에는 세계 최초로 1300만 화소의 초소형 OIS 카메라모듈을 양산하기 시작했다. 2018년에는 표준화각과 망원, 흑백카메라로 구성된 트리플 카메라를 세계 최초로 개발했다. LG이노텍은 2010년 매출 4조 원을 돌파했고, 2012년 매출 5조 3160억 원, 2013년에는 6조 2115억 원을 올리며 고속 성장했다.

현재 LG이노텍은 광학솔루션과 기판소재, 전장부품 등 3개 사업부문으로 구성되어 운영되고 있다. 광학솔루션사업부문의 주력 품목은 카메라모듈이다. 기판소재사업부문의 주요 품목은 포토마스크와 테이프 기판, 반도체 기판 등이다. 전장부품사업부문은 모터·센서와 차량 통신용 부품 등을 만든다. 매출 중 광학솔루션사업부문의 비중이 2021년 상반기 기준 70%로 가장 크다. 기판소재사업부문과 전장부품사업부문의 기여도는 각각 10%대 수준이다.

다음 물결을 대비하라

2016년부터 나는 LG화학 전지사업본부를 경영했다. 당시 우리는 전기차가 차세대 산업을 이끌 동력이 되리라 내다봤다. 따라서 LG화학은 전기차용 이차전지●의 수요 역시 증가하리라고 예측했다. LG화학은 이미 2009년 국내 최초로 자동차용 이차전지의 시제품들을 양산했다. 에너지 밀도가 높고 수명이 길다는 경쟁력을 바탕으로 당시 글로벌 전기자동차 업체의 대부분을 고객으로 확보했다.

그러나 2017년 초까지도 외부에서는 우리의 이차전지 사업 전망을 그다지 밝게 보지 않았다. 그해 3월 한 매체는 "LG화학은 세계 최고 수준의 이차전지를 생산한다고 평가받지만, 실적 면에선 악전고투하고 있다"면서 "투자는 계속 늘리고 있지만 언제 흑자 전환할지 요원하다는 지적이 나오고 있다"고 보도했다.

그런데도 우리는 전지 사업에 대한 투자를 늘렸다. 2017년 LG화학 전지사업본부는 9000억 원을 투자했다. 이는 LG화학의 설비투자금액 2조 7000억 원 중 3분의 1을 차지하는 금액이다. 전지사업본부는 투자금액 중 70%가량을 중국·유럽·미국 전지공장의 생산능력 확대에 투입했고 나머지 30%를 정보기술 프로세스 개선, 신제품 개발에 썼다.

나는 2017년 3월 17일 제주도에서 열린 2017 전기차 엑스포에서 "지난해 처음으로 전기차용 이차전지 사업에서 매출 1조 원을 넘겼다"고 밝히면서 "전체 자동차 시장 중 2% 수준인 전기차 시장이 4%로 확대되고 2025년에는 11%인 1100만 대로 커질 것으로

●secondary cell battery. 한 번 쓰고 버리는 전지(일차전지)와 달리 충전하여 계속해서 사용할 수 있는 전지. 노트북 컴퓨터, 휴대전화, 캠코더 등 무선 전자제품에 두루 쓰이며 전기자동차의 핵심부품으로 부가가치가 높아 반도체 및 디스플레이와 함께 21세기 '3대 전자부품'으로 꼽힌다.

본다"고 말했다. 이어 "2020년까지 LG화학 전기차용 이차전지 매출 규모를 7조 원으로 확대하겠다"는 목표를 밝혔다. 이에 대해 언론들은 "LG화학 이차전지의 수요처인 GM 전기차 사업 추진 동력이 약화될 가능성이 크다"며 "LG화학 전기차 이차전지 사업에도 부정적인 영향을 미칠 것"이라는 한 증권사 연구원의 관측을 인용했다.

결과는 어땠을까? LG화학은 2016년 매출 3조 5616억 원에 영업손실 494억을 기록했으나 2017년에는 매출 4조 5606억 원에 영업이익 289억 원을 올리며 흑자로 돌아섰다. 일시적인 흑자 반전이 아니었다. 2018년에는 매출 6조 5196원에 영업이익을 2092억 원으로 크게 올렸다. 전년 대비 7배의 영업이익이었다. 물론 이 성과는 자동차용 이차전지로 쓰이는 중대형 전지보다는 휴대폰, 노트북 PC 등에 쓰이는 소형 리튬이온전지의 활약에 힘입은 바 크다. 기존 파우치형 전지의 수익구조가 개선되었고, 특히 2018년 제품의 무선화에 따라 일부 IT 기기에 주로 쓰이던 소형전지가 전동공구, 무선청소기 등에도 탑재되면서 수요가 급증했다. 그러나 LG화학의 도약은 이제 시작이라 볼 수 있다. 소형전지의 도약과 기술 노하우가 중대형 전지, 곧 자동차용 이차전지의 도약으로 이어질 것이기 때문이다.

시장은 끊임없이 변한다. 그 시장에서 생존해야 하는 업체는 제

자리에 머물 수 없다. 변화의 흐름을 타지 않으면 뒤처지고, 결국 눈에 보이지 않게 밀려난다. LG이노텍이 잘 올라탄 메가트렌드는 스마트폰이었고 LG화학이 올라탄 트렌드는 이차전지였다. 이제 자동차의 전장화라는 다음 트렌드에 올라타기 위한 LG의 도전을 응원한다.

제2장

경청하는 태도: 문제의 답은 현장에 있다

문제에 대한 답을 이미 현장 근무자들이 알고 있는 경우가 많다. '진짜 문제'는 그 답이 의사 결정자에게까지 닿지 않았거나, 도달되었더라도 채택되지 않아 빛을 보지 못하는 데 있다.

흑자를 내고 있음에도 외자 유치를 위해 우리 사업부를 매각한다는 소식이 전해졌다. 직원들이 동요하기 시작했고 급기야 노조가 매각 반대 행동에 나섰다. 부서 책임자로서 당신은 이 사태를 어떻게 해결할 것인가?

우리 회사의 주력 제품은 공정에 많은 인력이 투입되어야 하고, 어느 단계에서건 불량이 발생하면 이전까지의 모든 공정이 헛수고가 된다. 당신이 책임자라면 불량률을 낮추기 위해 어떤 대책을 세울 것인가?

사업부의 분위기가 전반적으로 정체되고 침울한 분위기다. 이야기를 들어보니, 많은 구성원들이 '우리 사업부는 규모도 작고 계속 적자 상태여서 내가 열심히 해봤자 비전이 안 보여.'라고 생각하고 있다. 매사 의욕을 보이지 않는 직원들이 성과를 낼 리 만무하다. 이 상황을 어떻게 타개할 것인가?

거꾸로 생각하면
길이 보인다

드라마 〈오징어 게임〉이 전 세계적으로 인기를 끌면서 OTT 서비스가 주목받고 있다. 세계 OTT 시장을 이끄는 업체가 넷플릭스다. 넷플릭스는 코로나19의 수혜 기업이다. 집에서 보내는 시간이 많아지면서 넷플릭스의 OTT를 즐기는 시간이 급증했다. 이제는 디즈니와 견줄 정도로 OTT의 강자가 된 넷플릭스의 초기 사업은 비디오테이프 대여였다.

 넷플릭스 같은 OTT를 접하면 남다른 감회를 느낀다. 모두 알다시피 영상 매체는 비디오테이프에서 CD와 DVD를 거쳐 온라인으로 넘어왔다. 나는 이제 실물을 보기조차 어렵게 된 비디오테이프

세대다. '구세대'보다 더 오래된 '구닥다리' 세대라는 생각마저 든다. 한때는 동네마다 대여점이 없는 곳이 없을 정도로 비디오는 우리 여가 생활의 큰 부분을 담당했다. 비디오테이프에는 대개 영화가 담겼고, '비디오'는 '영화'의 유의어로 통했다.

내가 가장 오래 근무한 곳이 비디오테이프사업부다. 1984년부터 2001년까지 18년간 근무했다. 비디오테이프는 LG전자의 디지털레코딩미디어사업부에서 만들었다. 이 사업부는 오디오테이프와 CD 등 다른 품목도 제조했다. 나는 레코딩미디어사업부에서 생산기술, 제조, 구매와 자재, 기획관리 등 다양한 직무를 경험했다. 업무를 두루 거치며 성과를 인정받아 과장, 부장으로 승진했고 1999년 수석 부장으로서 사업부장을 맡게 되었다.

임원 승진도 이 사업부에서 했다. 2000년에 상무보로 승진했다. 당시 공급 과잉으로 국내 비디오테이프 업계는 레드오션이었지만, LG전자 레코딩미디어사업부는 홀로 이익을 냈다. LG전자의 비디오테이프 사업은 국내에서는 물론 세계적으로도 원가 경쟁력이 가장 뛰어난 상태를 유지했다. 그러나 턴어라운드가 일어난 1994년 이전까지, 적자를 본 기간은 무척 길었다.

11년 동안 쌓인 적자 957억 원

레코딩미디어사업부는 만년 적자였다. 사업 초기에 생산설비 확충에 모두 1900억 원을 투입했고, 그 결과 매출이 증가했다. 그러나 투자를 회수하고 이익을 낼 정도는 되지 않았다. 사업부는 생산을 시작한 1985년 이래 1993년까지 9년 연속 손실을 보며 적자를 쌓아갔다. 1983년 사업추진본부 시절부터 잡으면 적자를 본 기간이 11년이다. 1993년 매출 1294억 원에 손실 66억 원을 기록했고, 그 해까지 누적 적자는 957억 원에 달했다.

 국내외에 같은 제품을 생산하는 업체가 많았다. 해외 주요 업체로는 미국의 3M과 독일의 바스프, 일본의 JVC, 소니, 후지, TDK●가 있었다. 국내에서는 LG전자 말고도 SKC와 새한미디어, 코오롱이 생산했다. 시장 참여 업체가 많아지면서 공급 물량이 크게 증가했고, 판매단가가 매년 큰 폭으로 떨어졌다. 우리는 원가 구조 개선으로 대응했지만 역부족이었다. 원가가 판매단가보다 높은 상황에서 출발했는데, 원가와 판매단가의 격차가 점차 좁아지기는 해도 원가가 판매단가 밑으로 떨어지지는 않았다. 1992년 흑자 전환의 전망을 실현하지 못하면서 사업부는 발상을 전환해 새롭게 접근해

●동경 전기 화학(Tokyo Denki Kagaku) 공업주식회사.

야 하는 게 아닌가 고민하고 궁리하기 시작했다.

간절하면 보인다

답은 찾는 눈에만 보인다고 할까. 우리 사업부는 1994년에 일본 TDK의 이상 목표관리시스템 IPS: Ideal Production System 을 정리한 책자를 입수하게 되었다. 내가 생산지원실장으로 일하고 있을 때였다.

먼저 TDK와 국내 업체들의 거래 관계를 보자. 비디오테이프는 케이스를 제외하면 자기테이프로 이루어지는데, 자기테이프는 베이스 필름에 자성 도료를 코팅해서 만든다. TDK는 국내 업체로부터 베이스 필름을 구매했는데, 한 국내 업체가 TDK를 방문했다가 우연히 이 책을 얻게 되었다. 그 회사는 그 책을 번역하고 벤치마킹해 적용했으나 별 성과를 내지 못했다고 한다. 그러나 간절하면 보이고, 답을 구할 수 있다. 어느 회사보다 간절했던 우리는 그 책에 답이 있다고 판단했다. IPS를 우리 식의 '생존을 위한 이상 경영 IMS: Ideal Management for Survival'으로 벤치마킹해 실행하기 시작했다.

IMS는 '우발상적右發想的' 시스템 사고를 적용한다. 기존 개선이 현재의 연장선상에서 점진적으로 문제를 해결하는 방식, 즉 '좌발상적左發想的'이라고 한다면, 우발상적 접근은 미래의 이상적 상태를 먼저 설정한 뒤, 그에 도달하기 위한 최적의 방법을 역으로 설계하는 혁신적 사고다.

IMS를 실행함으로써 우리는 부문의 목표를 구체적으로 할당하고 구체적인 활동 계획을 세울 수 있었다. 또 원가 절감을 가로막는 제품이나 공장의 문제점이 분명하게 드러났다. 아울러 일상의 모든 업무가 비용 지표로 파악되어, 전 부문에서 비용 의식이 철저해졌다.

IMS는 태스크포스팀TFT 활동이나 프로젝트와는 달랐다. TFT나 프로젝트는 기간 내 목표를 달성하면 종료된다. 그러나 IMS는 이상 목표를 달성할 때까지 지속된다. 우리는 IMS를 실행하면서 코팅 두께를 얇게 하는 방식을 새롭게 개발해내며 원가를 낮춰나갔다. 그 결과 마침내 1994년 흑자 전환에 성공했고, 그 이후 흑자 폭을 늘려나갔다. 국내 비디오테이프 업체 중 흑자를 낸 곳은 우리가 유일했고, 당연히 경쟁력 1위였다.

TDK를 넘어서다

청출어람이었다. 우리는 벤치마킹한 일본 TDK를 능가했다. TDK는 흑자를 보긴 했지만 지속해나가지는 못했다. 레코딩미디어사업부는 1994년 턴어라운드 이후 흑자 행진을 이어갔다. 그 성과를 인정받아 2001년 대한상공회의소의 기업혁신대회에서 우수 사례로 선정되기도 했다. 당시 대기업 부문 우수 사례로 선정된 곳은 LG전자 디지털레코딩미디어사업부와 남해화학, 유한양행, 제일모직 여수사업장이었다.

우리 사업부의 성과를 가장 극명하게 보여주는 지표가 1인당 매출액이다. 1인당 매출액은 1991년 1억 100만 원에서 1993년 1억 4800만 원, 1995년 2억 3300만 원으로 증가했다. 1997년에는 3억 4900만 원, 2000년에는 4억 8800만 원으로 늘어났다. 1991년부터 2000년까지 9년간 연평균 증가율은 19%에 달했다.

1인당 매출액 증가는 사업부 매출의 큰 증가보다는 경영합리화에 따른 인원 감소에 힘입었다. 사업부의 경영합리화 중 내가 간부로서 실행한 것은 성형·조립공정 외주화였다. 사업부의 인원은 1988년 1,860명에서 1993년 875명으로, 1997년 453명으로 점차 감소했다. 조직 단위 수는 1989년에 16부 40과로 가장 컸고, 1994년에는 7실 18팀으로 축소되었다.

우리는 어떻게 '마른 수건'에서 흑자를 한 방울, 한 방울 뽑아냈을까? IMS에 따른 우발상적 사고의 구체적인 활동과 성과를 살펴보자.

LG의 혁신

우발상적 사고

　우리들은 미래를 예측할 때 '지금까지 이렇게 변화하였으니 이렇게 될 것이 틀림없다'라고 생각하는 경향이 있다. 그러나 세상은 예측대로 흘러가지 않는다. 상상을 뛰어넘는 기술의 발전 속도와 다양한 변수들은 예상을 뛰어넘는 사태들을 불러일으킨다. 냉혹하지만 변화는 지금 우리의 여건과는 무관하게 일어난다. 그러므로 이에 대응하기 위해서는 현실에서의 연장이 아닌, 지금까지 없었던 새로운 발상이 지속적으로 필요하다.

　새로운 생각을 가져오는 방법 중 하나가 '우발상적 사고'다. 다음 그래프를 보자.

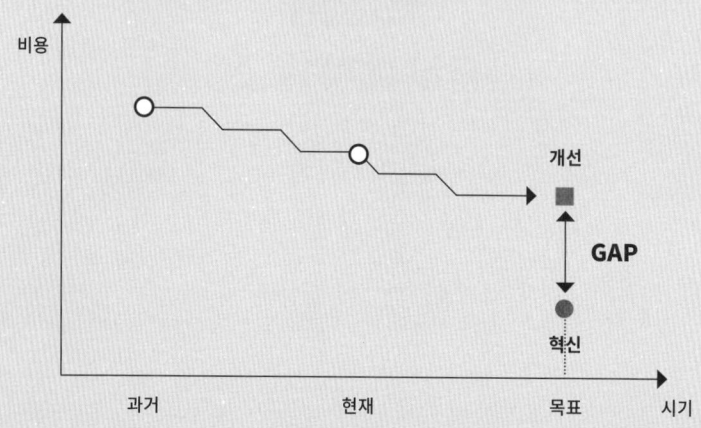

　생산계획, 수요예측 혹은 코스트다운 계획 등 그래프를 작성할 때는 통상 왼쪽에 원점을 잡고 시간축을 오른쪽으로 잡는다.

　수익은 비용을 줄일수록 늘어난다. 추세대로라면 예상되는 미래의 수익은 네모 점에 이를 것이다. 이처럼 미래에 달성 가능한 목표를 세우고 좌측에서부터 우측을 향해 조금씩 개선해나가는 것을 '좌발상적 사고'라 한다.

　'우발상적 사고'는 이와 전혀 다른 방식을 취한다. 원점의 연장에서 생각하는 것이 아니라 오른쪽의 동떨어진 어떤 지점을 이상 목표로 세우고, 이로부터 현재의 제반 조건들을 완전히 재점검한다. 이상에서 생각했을 때 어디에 큰 틈이 있는가, 현실을 이상에 끌어오려면 무엇을 바꾸어야 하는가, 이상에 이르는 또 다른 방식은 무엇인가를 생각하는 것이다.

  우발상적 사고의 요체는 '무리를 지향하는 것'에 있다. 추측할 수 있고 달성 가능한 목표를 세우면 기존의 방식을 개선하는 것에 머무르게 된다. 그러나 이제까지의 관성으로는 결코 다다를 수 없는 목표를 세우면 전혀 다른 방식을 생각해볼 수밖에 없다. 이 과정에서 혁신이 일어난다. 다시 말해 이전과 전혀 다른 성공의 방정식을 찾아내는 것이 우발상적 사고라 할 수 있다.

우리의 문제는 현장에 답이 있다

어리석은 질문에 대한 현명한 대답을 뜻하는 우문현답愚問賢答. 이 사자성어가 기업에서는 '우리의 문제는 현장現場에 답이 있다'는 의미로 활용된다. 문제에 대한 답을 이미 현장 근무자들이 알고 있는 경우가 많다. 그 경우 '진짜 문제'는 그 답이 의사결정자에게까지 닿지 않았거나, 도달되었더라도 채택되지 않아 빛을 보지 못하는 데 있다.

내가 우문현답을 활용해 성과를 올린 사례가 설비 속도 향상이다. 때는 레코딩미디어사업부에서 제조실장으로 일한 1995년이었고, 나와 함께 일한 직원은 약 450명이었다. 현장에서 엔지니어를 포함한 생산직 직원들과 함께 고생하며 무엇을 해야 할지 같이 고민했다.

경쟁사는 새로운 설비를 도입하는 등의 방법으로 속도를 높이고 있었다. 속도란 PET 재질 베이스 필름에 자성 도료를 코팅하는 속도를 가리킨다. 우리는 어떻게 대응해야 할지 논의를 시작했다.

"새 설비를 도입하는 대신 기존 설비를 개조해 속도를 높일 수 있습니까?"

"있습니다."

"설비 개조는 어떻게 하면 되나요?"

그는 방법을 설명했다.

"그 아이디어를 회사에서 지금 처음 밝힌 건가요?"

"아닙니다. 실장님 부임하시기 전에도 말씀드렸습니다."

"그런데 왜 추진되지 않았나요?"

"이전 실장님은 '자신 있나?'라고 물어보셨습니다. 머뭇거렸더니 '그럼 조용히 있어'라고 하셨습니다."

나는 다르게 물어봤다.

"설비를 개조해서 속도 향상을 시도했다가, 의도한 결과가 나오지 않았다고 칩시다. 그때 설비는 원위치가 가능합니까?"

그는 가능하다고 대답했다. 나는 사업부장에게 보고했다. 개조가 잘못되면 책임은 나를 포함한 위에서 지기로 하고 그 현장 사원의 아이디어를 실행하기로 했다. 개조 아이디어를 추진하는 과정에서 '벤처 개선제도'를 만들었다. 이 제도를 통해 성과가 예상되나 위험 부담이 있는 아이디어일 경우, 실행 시 실패하면 책임을 면하도록 했다. 장치산업에서는 현장 사원의 손끝에서 품질과 생산성이 결정되므로, 현장의 창의적 제안이나 아이디어를 끌어내 활용하기 위해서였다. 코팅 설비는 1987년 도입되었고, 당시 속도는 분당 350m였다. 1995년 내가 제조실장을 맡았을 때에는 410m로 그 수준이 상당히 향상돼 있었다. 나는 현장의 소리를 과감히 반영해 이를 더 끌어올리기로 한 것이었다. 우여곡절 끝에 설비를 전기·기계적으로 개조해 2년간 속도를 500m로 끌어올렸다. 도입 당시보다 두 배로, 개조 전보다도 22%나 향상시킨 것이다.

혁신에 탄력이 붙었다. 우리는 코팅 속도를 1998년에 600m로 향상시켰고, 2000년에는 800m로 끌어올렸다. 설비의 설계 속도 350m보다 2.3배 높았다. 세계 최고 수준의 성과였다. 산업 기능 올림픽이 있다면 당연히 금메달 감이었다.

성과에는 보상이 따라야 한다. 그래야 추가 동기를 구성원에게 부여하고 더 높은 목표를 추구할 수 있다. 금메달을 딴 선수는 국가가 포상한다. 우리는 개조 아이디어를 제안해 사업부의 실적에 크게 기여한 직원에게 상당한 인센티브를 지급함으로써 보상했다.

도전은 새로운 도전으로 이어진다

—

테이프 생산 과정을 개선한 뒤에 잡은 혁신 목표는 비디오테이프 플라스틱 케이스의 무게를 줄이는 일이었다. 발상은 간단했다. '왜 그렇게 무거워야 하지?' '가벼우면서 품질을 유지하는 방법은 없을까?' 우리는 모양을 바꿨고 재질을 변경했으며 두께를 얇게 하면서 불필요한 부분을 제거했다. 이 또한 금형을 새로 만드는 대신 기존 것을 개조해 이뤄냈다. 무게를 24% 덜어냈다. 세계 최경량화를 실현했고, 연간 7억 원을 절감할 수 있었다.

나는 코팅 속도 향상과 완제품 경량화에 만족하지 않았다. 함께 근무하는 직원들도 새로운 도전 과제를 찾고 있었다. 성취 경험은 또 다른 성취에 동기를 부여하는 법이고, 직원들은 전보다 더 의욕적이고 능동적으로 업무에 임했다. 1996년 기획관리팀장을 거쳐 1997년에 생산실장으로서 다시 현장으로 돌아온 나는 새로운 코팅 시스템 도입을 결정했다.

기존에는 자성 도료를 베이스 필름에 입히는 코팅 공정에 그라비아 공법이 활용되었다. 그라비아 공법은 페트병 라벨과 식품 포장 비닐 등 인쇄에 주로 활용된다. 이 공법은 실린더에 감은 인쇄판의 홈에 잉크를 묻힌 뒤, 비닐 등을 실린더와 롤러 사이에 통과시키면서 인쇄하는 방식이다. 인쇄판은 잉크를 실린더 아래 있는 잉크

통에서 묻혀 올린다. 비디오테이프의 그라비아 공법은 잉크를 인쇄하는 대신 자성 도료를 코팅한다. 실린더에 감긴 코팅판이 잉크 대신 자성 도료를 묻혀서 베이스 필름에 도포한다.

그라비아 코팅의 문제는 속도를 높이면 자성 도료가 튀어 품질에 악영향을 준다는 것이었다. 게다가 코팅되는 자성 도료보다 흘러내려 버려지는 자성 도료의 비율도 높았다. 베이스 필름보다 자성 도료가 더 비싼 터라 작은 문제가 아니었다. 해결책으로 연구소에서는 다이 코팅Die coating 방식을 제안했다. 다이 코팅은 노즐로 자성 도료를 분사하고 베이스 필름 쪽에서는 자석으로 당긴다. 다이 코팅 방식을 채택한 이후 품질은 높이면서 그라비아 방식보다 버려지는 자성 도료를 크게 줄일 수 있었다.

필름에 입힌 자성 도료의 도막 두께는 얇게 할수록 원가가 절감된다. 도막 두께 박막화는 앞서 1993년에 추진되었다. 발상은 완제품 경량화와 동일했다. '왜 도막이 그렇게 두꺼워야 하지?' '더 얇게 도포하면서도 성능은 유지하는 방법이 있지 않을까?' 도막 두께는 1993년 3.6μm에서 1994년에 2.5μm로 얇게 만들었다. 이로써 연간 원가가 42억 원 절감되었다. 이후 도막 두께는 1995년에 2.4μm로, 1997년 2.3μm로 박막화되었다. 도막 두께를 0.1μm 얇게 함으로써 우리는 연간 원가를 6억 원 절감했다.

0.1μm는 도대체 얼마나 미세한가? 마이크로미터는 100만분의

1m이고, 1mm의 1000분의 1이다. 머리카락의 굵기가 대략 20μm가 넘으니, 우리는 머리카락 굵기의 200분의 1 정도로 미세한 단위까지 개선한 셈이다. 머리카락보다는 거미줄과 비교하는 편이 더 적절하다. 거미줄 굵기는 약 3μm이다. 우리는 거미줄 굵기의 30분의 1까지 최선을 다했다.

아울러 설비 종합 효율을 끌어올려 생산성을 향상시키면서 총합목표관리 시스템으로 비용을 철저하게 관리했다. 설비 종합 효율은 구성원 전원이 참여하는 성과지향 활동을 측정하는 지표로, 1994년 93.1%에서 1998년 96.0%로 끌어올릴 수 있었다. 총합목표관리 시스템을 통해 매월 실적을 사업계획과 비교해 베스트 항목을 공유하고 워스트 항목을 중점 개선해나갔다.

마른 수건도 다시 짰다. 낭비 제로 운동을 펼쳤다. 한 번 쓰고 또 쓰기, 부품 한 톨 줍기, 재활용하기 운동이 전사적으로 일어났다. 이에 따른 대표적인 성과가 소모수선비 절감이었다. 1996년에 비해 1997년부터 1999년까지 3년간 소모수선비를 모두 20억 원 절감했다. 연평균 약 7억 원 줄인 셈이다.

쓰레기도 돈이 된다. 팔 수 있는 소재나 부품의 포장박스 등을 분리 수거하도록 유도했다. 구성원의 자발적인 참여가 점점 활발해졌다. 이재물 매각으로 벌어들인 수입은 1994년 1.9억 원에서 1995년 2.6억 원으로, 1996년 3.2억 원으로 증가했다. 1997년 2.8억 원으로 주춤했다가 1998년과 1999년에는 각각 5.2억 원과 5.7억 원으로 다시 증가했다. 이재물 매각 수입은 6년간 21.4억 원에 달했다.

사업은 가도 기술은 영원하다

외부에 비친 LG는 기술 중심의 회사란 이미지가 강한데, 실제로도 그렇다. 원천 기술을 확보하면 이를 좀체 사장시키지 않는다. 혁신에 혁신이 더해지는 과정을 거치면서 그 기술이 다른 사업에 어떻게 적용될지를 찾는 세밀함도 놓치지 않는다. 지금은 흔적조차 사라진 레코딩미디어사업부가 찾아낸 코팅 기술은 이런 연속성을 보여주는 사례로 삼을 만하다. 코팅 등 마그네틱테이프 제조 공정에서 획득한 기술과 노하우는 이후 이차전지와 디스플레이용 편광필름 등의 생산에 활용되었다. 특히 LG화학의 핵심 사업인 이차전지의 분리막 개발에 미친 공로는 절대적이다. 이차전지의 폭발을 막아주는 역할을 하는 분리막은 이차전지 원가의 15~20%를 차지하는 핵심 부품이다.

  LG의 이차전지 사업은 처음에는 LG금속에서 시작했다. 초기에 기술 측면에서 진척이 없었다. 그룹 차원에서 원인 분석과 해결 방안이 논의되었다. 이 과정에서 이차전지의 기술이 비디오테이프 제조기술과 비슷하다는 특징이 파악되었다. 이에 LG금속에서 LG전자 레코딩미디어사업부에 비디오테이프 기술 전문가를 보내달라고 요청했다. 1994년이었고, 당시 나는 레코딩미디어사업부 생산지원실장이었다. 나는 우리 사업부에서 이호중 과장을 보냈다. 이 과장은 공정기술 전문가였다. 이 과장은 LG금속의 유성 공정에서 근무했다. 이후 현장 반장과 계장, 오퍼레이터 등이 추가로 전배되었다.

LG의 이차전지 사업은 1996년에 LG화학으로 이관되었다. 여전히 레코딩미디어 출신 기술 인력이 개발의 주력이었다. LG화학은 1997년 말 청주에 양산공장을 착공했고, 1999년에 국내 최초로 이차전지를 개발하는 데 성공했다. 당시 LG화학은 산요의 공장장 출신 등 일본인 두 명을 컨설턴트로 위촉해 개발에 도움을 받고 있었는데, 그들은 "이렇게 빨리 이차전지 개발하기가 어렵다"며 우리의 기술 적응력과 학습능력을 높이 평가했다. 일본인 컨설턴트들은 "이론과 실제에는 차이가 큰데, LG화학의 조기 개발에는 비디오테이프 기술을 적용한 게 주효했다"고 말했다. 이차전지 개발의 주역이었던 이호중 과장은 나중에 이차전지 협력업체를 경영하다가 은퇴했다.

비디오테이프는 DVD 같은 신매체에 자리를 내주면서 사라졌다. LG전자 레코딩미디어사업부는 비디오테이프 생산을 줄이면서 인력을 신규사업 등에 재배치했다. 비디오테이프는 사라졌지만 레코딩미디어사업부의 혁신 노하우와 DNA는 이렇게 LG그룹 곳곳에 전파되고 확산되었다.

머리는 몰라도
손끝은 안다

1988년 12월 12일 자로 발령이 나 청주 공장으로 배치되었다. LG전자 마그네틱테이프사업부 기술개발과장에서 생산기술과장으로 옮기라는 인사였다. 나는 이 인사를 개인적으로 '12·12 사태'라고 명명했다. 인사 배경은 간단히 말해 '적자가 나니까 공장으로 내려가라'는 것이었다.

현장에 가서 알게 된 사실은 현장 인력들이 가장 많이 알고 있다는 점이었다. 설비를 도입할 때 사양을 정하고 구매하기까지는 엔지니어가 담당한다. 그러나 일단 들여놓으면 설비는 온전히 현장 사원들의 몫이다. 무엇이 불편하고 어떤 비효율이 있으며 개선 방안은 무엇이 있을지 생각해보는 사람은 현장직이다. 엔지니어는 실제 돌아가는 상황을 알 길이 없다.

다시 한번 강조하면, 설비와 관련한 모든 것은 현장 사원들이 알고 있다. 설비 가동에는 현장 사원이 가장 중요할 뿐만 아니라, 생산한 제품의 품질 역시 현장 사원의 마음가짐과 손끝에서 나온다는 것을 절감하게 되었다. 또 개선 아이디어도 현장 사원한테서 나온다는 사실을 알게 되었다. '내가 어떻게 하면 현장 사원들에게 도전 정신을 제공하는 동시에 격려하고 동기를 부여할 수 있을까?' 당시 내가 품은 화두였다. 궁리하다가 생각해낸 것이 '해장국 미팅'이었다.

1995년 제조실장 때부터 현장 사원들과 아침에 해장국을 먹으며 얼굴을 마주했다. 청주 공장은 3교대 사업장이었다. 한 반은 열 명에서 열다섯 명 정도의 인원이 세 조로 나뉘어 3교대로 근무한다. 먼저 각 반마다 잘게 쪼개서 품질 목표를 주었다. 목표를 4주 연속 달성하면 그 반의 아침 여섯 시 퇴근조를 외부 식당에서 만나 해장국을 먹기로 했다. 한 반이 목표를 달성하면 나는 그 반의 각 조와 일주일에 한 번씩, 3주에 걸쳐 해장국 미팅을 했다.

해장국 미팅은 현장 중심 경영의 산실이었다. 우선 현장 사원의 이름을 다 알게 되었다. 소규모의 가볍고 친밀한 자리여서 이 얘기 저 얘기 듣다 보면 애로사항을 알게 된다. 그 과정에서 아이디어도 나온다. 경영에 반영할 이야기가 많았다. 실장인 나와 현장 사원들과의 거리가 가까워졌고, 폭넓은 경험과 감정, 생각이 진솔하게 오갔다.

품질관리의 열쇠, 현장과 함께하라

2002년에 레코딩미디어사업부를 떠나 PCB사업부장을 맡았다. 해장국 미팅은 PCB사업부에서도 이어졌다. PCB사업부와 레코딩미디어사업부는 공통점이 있었다. 둘 다 장치산업이고 품질이 현장 사원들한테 달려 있다는 것이다.

PCB사업부의 큰 문제는 불량이었다. PCB는 주문을 받아서 생산한다. 납품 물량이 100이라고 하자. 불량품이 10개 나온다고 하면 이 비율을 미리 고려해서 110개 이상을 투입한다. 그래야 공정을 거쳐 100개가 나오고 물량과 납기 약속을 지킬 수 있다. 그런데 불량률이 높아졌다면? 즉 110개를 투입하면 100개가 완성된다고 예상했는데 실제로는 95개가 완성됐다고 하면 5개를 다시 만들어야 한다. 적기에 약속한 물량을 공급하지 못하는 꼴이 발생한다.

불량은 현장 사원의 손끝에 달려 있다. 근무시간에 얼마나 집중해서 주의 깊게 보느냐에 따라 불량 여부가 좌우된다. 불량률을 낮추는 목표를 세분해서 제시하고 연속해서 달성한 반을 격려하는 해장국 미팅이 거듭되는 과정은 PCB 불량률이 떨어지는 과정의 다른 표현이었다.

초기에는 4주 연속 목표를 달성하는 반이 나오지 않았다. 그러자 수군거리는 소리가 나왔고, 내게도 전해졌다.

"달성하기 어려운 목표야."

"목표를 높게 잡은 다음 달성하지 못하면 우리를 다그치겠다는 거 아닌가?"

그러다가 마침내 4주 연속 목표를 달성한 반이 나왔다. 이어 8주 연속 기록도 수립되었다. 반 사이에 경쟁이 붙었다. "우리 반도 8주 달성해서 사업부장하고 해장국 한번 먹자" "우리도 12주 달성해서 저녁 식사 한번 하자"는, 업무 의욕과 직결된 현장 분위기가 형성되었다.

다른 반과의 경쟁이 전부가 아니었다. 잘한 반은 사업부 사보와 사내 게시판에 업무 성과의 노하우를 공유했고, 다른 반들은 그 노하우를 습득했다. 이런 상승작용을 거쳐 사업부 전체의 역량이 지속적으로 향상되었다.

해장국 미팅만이 아니었다. 나는 직원의 경조사를 빠짐없이 챙겼다. 현장 사원이 부탁하면 결혼식 주례도 마다하지 않았다. 40대 중반 때부터 주례를 섰다. 직원 부모님의 환갑잔치에 반드시 참석했다. 직원의 상가에도 꼭 찾아가서 조의를 표했다.

그렇게 해서 현장에서 사원에게 이름을 부르면서 구체적으로 격려하고 동기를 부여할 수 있었다. 상대가 누군지도 모른 채 건네는 "수고하십니다"에는 요새 말로 '영혼이 없다'는 것을 듣는 현장 사원 누구나 안다. 그런 말은 아무런 격려가 되지 않는다.

현장 사원들은 친해진 내게 애로와 문제점과 개선 아이디어를 자연스럽게 말하곤 했다. 대수롭지 않게 던진 말이 경영에 참고가 되는 일도 많았다. 해장국 미팅을 비롯한 내 노력은 노경관계에도 도움이 되었다. 나와 함께 근무한 현장 사원들은 회사가 어려워졌을 때 회사 상황을 이해하고 양보해주었다. 사업부장이 내 결혼식에 왔는데, 내 부모님 환갑잔치에 왔는데, 내 집안 장례에 왔는데 하는 것들이 다 영향을 준 것이다.

이 모든 과정을 거쳐 우리는 한 팀이 되었고, 한 방향으로 나란히 나아갈 수 있었다. LG전자 PCB사업부는 내가 경영한 지 1년 만에 완전 가동에 접어들면서 흑자를 냈다.

귀를 열어두면
자다가도 떡이 생긴다

"본부장님, 영화 유통에 진출할 필요가 있습니다."

"우리가? 왜?"

"아시다시피 국내에서는 우리 비디오테이프가 안 팔립니다."

2000년 당시 LG전자의 비디오테이프는 수출 비중이 90% 이상으로 높았다. 국내 매출이 적은 요인은 국내 수요 기반이 취약했기 때문이다. 반면 다른 비디오테이프 제조업체들은 영상사업을 병행해서 내수 기반이 탄탄했다. 소비자에게 유통되는 비디오테이프는 대부분 영화가 담긴 것이었기 때문이다. 그에 비해 공테이프의 비중은 크지 않았다.

"영화 유통은 백구두 신고 양복 가슴 주머니에 손수건 꽂고 다니는 사람들이 하는 사업 아니야? 우리 LG의 기업문화와는 안 어울리지 않나?"

당시 사업을 지휘하던 우남균 본부장이 이같이 말하며 난색을 표했다. 이런 반응이 당연했다. LG전자는 과거에 영상사업을 하다가 그룹 문화에 맞지 않는다고 판단해 중단한 적이 있었다. 그룹 차원에서 손을 뗀 영화 유통을 일개 사업부장이 다시 하자고 건의했으니, 반대가 당연했다.

"우리가 직접 영화를 유통하겠다는 건 아닙니다. 영화 판권을 수입해 주로 국내에 비디오로 배급하는 프로덕션을 지원하는 방식을 취하려고 합니다."

레코딩미디어사업부가 프로덕션에 자금을 지원하면 해당 프로덕션이 LG전자 비디오테이프에 영화를 복사해서 유통한다는 제휴 방식이었다. 내 설명을 듣더니 우 본부장은 영상사업을 재가했다. 나중에 LG전자 사장에 이어 우송대학교 명예총장을 지낸 우남균 본부장은 나를 키워준 상사 중 한 분이다. 그는 내가 낸 아이디어를 한 번도 막지 않았다. 덕분에 나는 사업 아이디어를 마음껏 실현할 수 있었다.

원래 이 아이디어는 당시 정상훈 영업팀장이 제안한 것을 내가 채택한 것이었다. 나는 목표 달성을 위해 구성원들이 지키고 노력해야 할 사항에 대해서는 누구보다 엄격했지만, 아이디어에 관한 한 누구보다 개방적이었다. 아이디어가 자유롭게 제안되도록 열어 놓고, 괜찮은 것은 적극적으로 채택해 실행해야만 목표를, 또는 목표 이상을 달성할 수 있다고 생각했기 때문이다.

이 아이디어를 재가받은 바탕에는 실적이 있었다. 레코딩미디어사업부는 1999년에 달러 기준 목표 실적을 초과 달성했다. 달러 환율이 높아 목표만 달성해도 수익성이 좋았는데, 목표를 초과 달성했으니 사업부와 사업부장에 대한 신뢰가 두터워졌다.

영화라는 날개를 달다

우리와 함께 일할 프로덕션을 공모하고 대표자 면담을 거쳐 한 군데를 선정했다. 레코딩미디어사업부는 그 프로덕션이 유통할 영화 판권을 매입할 자금을 지원했다. 프로덕션은 영화 판권을 사들여 LG전자의 비디오테이프에 몇만 본씩 대량 복사했다. 복사된 영화 테이프는 레코딩미디어사업부의 전국 대리점을 통해 유통되었다. 당시 대리점은 서울에 세 곳이 있었고, 부산, 대전, 대구, 광주, 전주에 한 군데씩 있었다. 대리점은 도매상이었고, 영화 테이프를 비디오 대여점에 판매했다. 당시 비디오 대여점이 전국에 약 3만 곳 있었으니, 인기 있는 영화 한 편을 유통하면 우리 회사의 비디오테이프를 최대 3만 본까지 팔 수 있었다.

우리는 프로덕션에 자금을 빌려줬다. 프로덕션은 그 자금으로 해외 영화제에서 영화 판권을 매입했다. 프로덕션은 대량으로 복제한 영화 테이프를 대리점에 판매해 자금을 회수했다. 그리고 이자를 더한 금액을 LG전자에 상환했다.

우리는 프로덕션의 영화 선정에는 관여하지 않았다. 영화 선정은 전적으로 전문성을 갖춘 프로덕션이 알아서 하도록 했다. 그러나 덕분에 영화 수입에 대해서는 나도 상당한 지식을 쌓게 되었다. 영화산업의 3대 시장은 아메리칸 필름 마켓과 칸 국제영화제, 밀라노 필름 마켓이다. 프로덕션 사람들은 이들 현장에 가서 매입 후보 리스트를 작성하고 협상을 벌였다. 우리가 제휴한 프로덕션은 특A급 영화는 엄두를 내지 못했다. 특A급 영화를 만드는 워너브라더스나 월트디즈니, MGM 등은 한국에 지사를 두고 이를 통해 판권을 처리했다. 우리가 같이하기로 한 프로덕션은 중소 영화사와 판권 계약을 했다. 그렇게 사들인 영화는 국내 상영관에서는 광고 효과가 나올 정도로만 건 뒤 비디오로 출시했다. 당시 공테이프가 1,000원이라면 A급 영화를 복사한 테이프는 2만 7,500원 정도 했다. 영화라는 예술의 부가가치가 그만큼 크다는 사실을 알게 되었다.

좋은 상사가 좋은 부하를 만든다

—

LG전자로서는 일석삼조였다. 지원한 자금에 이자를 받았고, 테이프 판매를 늘렸으며, 국내에서 브랜드 인지도를 높였다. 이전에 200억 원대였던 국내 비디오테이프 판매액은 영화 유통 덕분에 400억 원대까지 증가했다. LG전자의 영화 수입 유통 지원은 내가 2002년 레코딩미디어사업부를 떠나 PCB사업부장으로 옮긴 뒤인 2006년까지 계속되었다.

나는 상사가 믿고 맡겨줄 경우 일을 더 잘하는 타입이다. 그런 내 성향을 정확하게 파악했는지, 당시 우남균 본부장은 내가 한다는 일을 모두 재가해줬다. 영화 유통을 비롯해 결과는 대부분 기대 이상이었다.

성공한 직장인 중 그 비결에 대해 "상사를 잘 만난 덕이었다"고 말하는 사람들이 많다. 내 경험에 비추어보자면, 이는 단지 겸양을 표현한 것이 아니다. 회사에서는 혼자 일할 수 없다. 관련 부서의 협조와 협업도 필요하고, 중요한 업무일수록 회사 사정에 대한 정보를 더 많이 알고 있는 상사의 의견을 들어야 한다. 상사 복이 없는 경우 역량을 발휘할 수 있는 길이 상사로 인해 막히곤 한다. 이런 측면에서 내가 거둔 실적의 상당 부분은 나를 믿어준 상사들 덕분이었다.

인생에서 가장 무더웠던
그해 여름

　IMF 관리 체제로 온 나라가 거덜 나고 그 여파가 지속되던 1999년 5월. 치열한 경쟁 속에서 분투하며 흑자를 내던 레코딩미디어사업부에 청천벽력 같은 소식이 전해졌다. 회사가 레코딩미디어사업부를 새한미디어에 매각하려 한다는 내용이었다. 회사는 '이익 낼 때 제값 받고 팔자'고 판단한 것으로 알려졌다. 당시 회사는 외환위기를 극복하는 과정에서 외자 유치와 함께 사업부 매각을 추진하고 있었다.

　레코딩미디어사업부는 청주 공장에서 비디오테이프와 오디오테이프, CD 등을 생산했다. 당시 연간 비디오테이프 생산량은 약

5000만 개였다. CD는 약 600만 장을 제조했다. 레코딩미디어사업부는 전년도에 매출 1645억 원을 기록했다. 임직원 수는 1999년 말 기준 359명이었다.

매각이 추진된다고 알려진 뒤, 당연히 직원들이 동요했다.

"LG전자 직원이 새한미디어 직원이 된다고?"

"은행 대출받기도 어려워질 텐데."

"미혼인 저는 결혼하기도 힘들어지겠네요."

"LG 유니폼 입고 나가면 외상도 주는데…."

매각 추진 소식은 영업에 바로 타격을 줬다. 주요 거래처가 비디오테이프 주문을 넣지 않았다. 비디오테이프를 대량으로 구매한 뒤 영화 콘텐츠를 복사해 비디오 대여점 등에 판매하는 업체들이었다. "앞으로 LG전자 비디오테이프는 새한미디어에서 판매한다"는 얘기가 사실처럼 공유되었기 때문이다. 재고가 쌓여갔다.

사업부장은 갈 자리가 정해졌다더라

사업부 매각 소식이 회사 상황을 악화시켰고, 그러면서 구성원들은 점점 더 격앙되었다. 노조가 매각 반대 행동에 나섰다. 나는 회사 구성원들 사이에서 매각을 추진하는 측으로 분류되었다. 사업부장을 맡은 지 몇 개월 안 된 때였다.

"이웅범 사업부장은 갈 자리가 이미 정해졌다더라. 우리만 팔려 나간다."

회사 구내식당에서 밥을 먹을 수가 없었다. 전지가위를 든 노조원들이 구내식당 입구에서 시위하고 있었다. 전지가위로 자르는 살벌한 동작을 하면서. 그래서 집에 가서 점심을 먹곤 했다. 그러나 집에서도 제대로 밥을 먹지 못했다. 초인종이 울려서 나가보면 문 밖에 아무도 없었다. 매각 건으로 회사에서나 집에서나 늘 신경이 곤두서 있었다. 그렇게 4개월을 보냈다.

우여곡절 끝에 매각은 취소되었다. 당시 한 경제신문이 1999년 8월 17일 자 기사로 이를 보도했다. 내용은 새한미디어와 SKC가 세우는 합작회사에 LG전자가 레코딩미디어사업을 매각하려 했으나, 미국의 공정거래법 저촉을 우려한 새한 측이 협상을 백지화하기로 했다는 것이었다.

기사는 매각 사건의 일부만 전했다. 당시 상황을 이해하는 데 도움이 될 사건의 전개는 이렇다. 그 무렵 적자 상태이던 새한미디어는 희한한 돌파구를 생각해냈다. 흑자인 LG전자 레코딩미디어사업부를 인수한다는 아이디어였다. 대개 여력이 되는 회사가 경영이 어려워진 회사를 인수하겠다고 나서거나 적자 회사가 흑자 회사에 매입을 제안하는데, 새한미디어는 그와 정반대 활로를 모색한 것이었다.

가당치 않은 시도였다. 업계는 물론 채권단도 고개를 저었다. 그러자 새한미디어는 단독 인수 제안에서 물러나 SKC와 코오롱을 끌어들여 3개사가 4:4:2로 LG전자 레코딩미디어사업부를 인수하겠다고 했다. 코오롱이 거절했다. 새한미디어는 마지막까지 미련을 버리지 못하고 SKC와 5:5 인수를 주장했다. 상황을 지켜보던 채권단은 새한미디어에 "인수는 모르겠고, 기한 내 채무를 상환하라"고 요구했다. 새한미디어는 결국 워크아웃을 거쳐 퇴출당했다.

침착한 간부가 회사를 살린다

매각이 취소되는 과정에서 많은 일이 있었다. 그리고 그 '배후'의 한 배역은 내가 맡았다. 구성원들이 반대하자 회사 총괄 사장이 청주 공장을 방문했다. 매각을 둘러싼 회사와 레코딩미디어 사원들의 협상이었다.

나는 총괄 사장에게 사원 측에 앉겠다고 말씀드렸다. 나도 같은 배에 타고 있음을 보여준다는 생각에서였다.

"사원들의 반응을 저도 심정적으로 이해합니다. 그런 측면에서 사원 대표 자리의 뒷자리에 앉겠습니다."

또 새한미디어가 누적 적자와 과다 부채로 상황이 좋지 않음을 당시 김종은 본부장에게 보고했다. 내 자리를 걸고 매각을 없던 일로 되돌리겠다는 의지도 피력했다. 김 본부장은 너무 앞서가지 말라며 만류했다.

"회사 일에 거부한다는 인상을 주면 안 돼. 자네가 다쳐. 자료를 전부 내게 주게. 내가 회사에 얘기할 테니."

참으로 고마운 말이었다. 김 본부장은 나를 이끌어주고 나를 성장시킨 상사 중 한 분이었다.

LG전자 레코딩미디어사업부가 걱정하고 분노하고 논쟁을 벌이는 동안 새한미디어는 말을 바꿨다. "1000억 원에 인수하겠다"에서 "위탁경영해주겠다"로. 언어도단의 제안이었다. 적자 회사가 선심 쓰듯 흑자 회사를 위탁경영해준다고 했으니 말이다.

회사 분위기가 더 날카로워졌다. 시위가 점점 과격해지는 양상이었다. 공장 기물이나 시설을 파괴하는 사태는 막아야 했다. 그렇게 되면 회사에서도 강하게 대응할 테고, 회사와 레코딩미디어사업부는 점점 멀어질 것이기 때문이었다.

나는 레코딩미디어사업부가 성숙한 방식으로 대응함으로써 회사에 매각을 철회하는 명분을 줘야 한다고 판단했다. 사원들에게 진심으로 호소해야겠다고 마음먹었다. 노동조합의 권종안 청주지부장과 상의해 공동명의로 호소문을 작성해 게시하기로 했다. 당시 상황을 생생하게 전하는 7월 7일 자 호소문은 다음과 같다.

친애하는 레코딩미디어 OBU● 여러분!

지금까지 우리 사업부 및 우리 개개인의 생존을 위하여 피나는 고통을 감내하고 노력해왔음에도 불구하고 사업부 매각 협상이 진행 중이라는 충격적인 소식을 접하며 끓어오르는 분노와 배신감을 금할 수가 없습니다.

IMF 이후 사회 전반적인 구조조정이 이루어지면서 1998년부터 꾸준히 공장 매각설이 우리를 괴롭혀왔으나, 막상 사업부 매각 협상 소식을 접하면서 우리 사원들의 충격은 더더욱 크리라 생각됩니다.

사업부 매각이라는 관점에서 보면 우리 전 사원의 생존권이 걸려 있는 문제이므로 가볍게 간과할 수 있는 사안은 절대 아니라고 생각됩니다. 그러나 감정적인 대응은 결코 도움이 되지 않을 것으로 생각됩니다. (중략)

매각 관련 제반 사항에 대해서는 우리 사원 개개인이 결코 불이익을 당하지 않도록 노조 지부장과 사업부장이 주도적인 역할을 할 것을 약속드리오니, 사원 여러분께서는 저희를 믿고 맡은 바 업무를 성실히 수행해주실 것을 당부드립니다.

(중략) 회사 측에는 '생존권 확보 방안'에 대해 빠른 시일 내에

●Operating Business Unit(사업부의 다른 이름)

제시해줄 것을 공식 요청할 예정입니다.

그러면서 유급 여름휴가를 길게 실시했다. 생산량은 크게 줄었지만 3교대는 계속 이전처럼 돌렸다. 생산량 감소에 대응해 3교대를 예컨대 맞교대로 바꿀 경우 시위 규모가 커질 수 있기 때문이었다. 이런 노력과 방법이 결국 통했다. 회사는 비디오테이프사업부 매각 계획을 철회했다. 그해 여름은 내 인생에서 가장 무더운 계절이었다.

노조 간부들이 도와주지 않았다면 사태가 악화되었을 공산이 컸다. 매각이 철회된 뒤 나는 권종안 지부장에게 불협화음 없이 노경 간 대화가 원만하게 진행되도록 협조한 데 대해 감사를 표했다. 아울러 장석춘 노조위원장에게 메일을 보내 "위원장님의 배려는 저희 사업부 인원 모두가 잊지 못할 것"이라며 감사를 전했다. 장 위원장은 여러 차례 사업장을 방문해 관심과 지원을 표명했다.

빚은 갚아야 하는 법

난데없이 불어닥쳤던 매각 폭풍이 소멸된 지 며칠 뒤. 김종은 본부장이 나를 불렀다.

"가만히 있을 건가?"

"네?"

"새한미디어에 대해 리벤지 프로젝트를 진행하게."

새한미디어가 비디오테이프를 공급하는 업체에 우리가 더 공격적으로 납품하는 복수 프로젝트였다. 비디오테이프 100피트당 0.1센트 더 싸게 공급한다는 실행계획이 마련되었다. 아울러 단가 인하로 인한 수지 부담은 30억 원까지 용인한다는 한도도 정해졌다. 우리는 원가 경쟁력이 충분해 그 정도 단가 인하는 수지에 별 타격이 되지 않았다. 그러나 적자를 내던 새한미디어로서는 곤혹스러울 조건이었다. 새한미디어는 우리 단가를 따라와 적자 폭을 키우거나 매출을 포기해야 할 판이었다. 그러나 상도의를 벗어난 새한미디어의 인수 시도와 그로 인한 레코딩미디어사업부 임직원과 관계자들이 겪은 피해를 고려하면, 지금도 리벤지 프로젝트는 최소한의 응징이었다고 생각한다.

매각 추진으로 빚어진 어려움을 넘어서는 데 기여한 공로가 자연스럽게 어필되면서 회사는 2000년에 나를 상무보로 승진시켰다. 회사는 또 그룹 차원의 경영전문대학원 유학 기회도 제공했다.

걸어갈 길이 궁금하면 뒤를 돌아보라

"우리 사업부는 규모도 작고…."

"계속 적자를 내는데…."

"인원이 계속 줄어들고 있어서 승진할 자리도 없다."

LG전자 레코딩미디어사업부의 분위기는 대체로 이랬다. 구성원들의 사기를 저하시킨 '객관적인' 수치를 한데 모아 다시 한번 살펴보자.

레코딩미디어사업부의 인원은 1988년 1,860명이었을 때가 가장 많았고 그 이후로는 매년 감소했다. 1993년에 1,000명 아래로 줄었고 1997년에는 500명 이하가 되었다. 2000년에는 313명으로 줄었다. 6분의 1로 감소한 것이다. 사업부 사람들은 구조조정과 함께 다른 사업부로 전배되었다. 예를 들어 오디오테이프 사업이 구조조정되면 그 인원 전체가 다른 사업부로 배치되는 식이었다.

인원 감소의 요인은 적자 누적이었다. 사업부 전체가 오랫동안 적자였고, 전체로는 흑자일 때도 계속 손실을 낸 품목도 있었다. 사업부는 1983년 사업추진본부 설립 이래 1993년까지 11년 연속 적자를 봤다. 11년간 쌓은 적자는 약 1000억 원에 육박했다.

레코딩미디어사업부의 영역은 레드오션이었고, 전망도 점점 비관적으로 기울었다. 시장에 많은 업체가 뛰어들었고, 공급이 수요보다 빠른 속도로 급증했다. 그로 인해 판매단가가 원가를 계속 밑돌았다. 원가를 낮춰도 판매단가가 더 큰 폭으로 하락했다. 전망이 더 어두워진 것은 차세대 레코딩미디어가 속속 등장했기 때문이다. 비디오테이프는 DVD로, 오디오테이프는 CD로 대체되었다.

실적이 만년 부진한 사업부에서는 내부 승진이 어렵다. 그래서 레코딩미디어사업부장은 추진본부 이래 17년 동안 외부에서 내려왔다. 물론 사업 초기에는 사업부 출신이라고 할 인원이 몇 명 되지 않았고, 그 인원 중에서도 경력이나 근속연수를 고려할 때에 사업부장을 맡길 만한 후보가 마땅치 않았다. 그러나 10년이 지나서도 외부에서 사업부장이 온 것은 전적으로 실적 저조 탓이다. 밖에서 온 사업부장들도 오래 근무하지 못하고 2년이면 다른 곳으로 보내졌다. 이래저래 사업부 분위기는 침체된 상태였다.

그러나 내 생각은 달랐다. "우리 사업부는 승진할 자리도 없고"라는 말을 들으면 "큰 사업부에서는 다들 승진하고, 임원이 되는 비율이 높나?"라고 반문했다. 어느 자리에서나 최선을 다하면 상황을 호전시킬 수 있고, 그러다 보면 자리가 나고 다른 기회도 열린다고 말하곤 했다.

어디에서나 자기 하기 나름이다. 나는 사상 최초로 레코딩미디어사업부 출신 사업부장이 되었다. 내 후임 사업부장도 내부에서 승진했다. 그 후임자 역시 내부 승진자였다. 인원이 약 300명인 사업부에서 임원도 여러 명 나왔다. 레코딩미디어사업부의 간부는 어려운 사업부에서 산전수전에 공중전까지 수행했으니, 다른 사업부 어디를 가도 일을 잘한다는 게 중평이었다.

직장생활에서 일정 시점 이후 자신의 경력은 자신이 만들어간다는 말이 있다. 꼭 말처럼 이루어진다는 보장은 없지만, 일리가 있는 말이다. 회사는 그가 그동안 업무에서 보여준 실적을 바탕으로 그에게 새로운 자리를 맡기기 때문이다. 나는 생산 현장의 '야전사령관'이라 불리고 평가받았다. 그래서 계속 현장에서 생산을 담당했다.

레코딩미디어사업부에서 보여준 역량이 인정되어 이후 PCB사업부장을 맡게 되었다. 그다음에는 모바일커뮤니케이션사업본부 단말(휴대폰)생산담당으로 일하게 되었다. 이어 LG이노텍의 부품소재사업본부장을 거쳐 LG이노텍의 CEO로 선임되었다.

내가 어려웠던 사업부 상황을 꺼내는 것은 '나 때는 말이야'라는 '라떼' 시리즈를 무용담처럼 들려주기 위해서가 아니다. 사회 경험이나 회사 일을 어려운 데에서 시작하라는 얘기는 더더욱 아니다. 돈 잘 버는 사업부에서 신규 사업도 기획하고 실행하면서 진취적으로 일을 배우면야 얼마나 좋겠는가. 그렇지만 운에 따라 적자 사업부에서 일할 수도 있다. 하지만 적자 사업부라고 해서 지레 포기할 이유는 없다는 게 내 생각이다. 운이 없으면 없는 대로 그 자리에서 최선을 다하자는 말이다. 운을 탓하고 회사를 탓한들 달라지는 것은 하나도 없다.

먼 미래를 내다보면서 지레 걱정할 필요도 없다. 내가 김종은 본부장으로부터 배운 태도이다. 현재에 충실하면 된다. '지금 고비를 넘긴다고 해도 이 사업부의 장래가 밝지는 않은데'라는 생각은 현재 당면 과제를 풀어나가는 데 방해가 될 뿐이다. 미래의 일은 미래에 닥치면 해결하면 되고, 지금은 눈앞의 문제를 풀어나가야 한다. Here and Now!

나는 어디에서나 내가 주인인 것처럼 일했다. 그런 태도와 행동을 뜻하는 '수처작주隨處作主'를 좌우명 삼아 최선을 다했다. 그 과정이 누적되어, 레코딩미디어사업부에서 출발해 LG그룹의 주요 계열사인 LG이노텍의 CEO까지 올랐다.

매출 1000억 원대이던 레코딩미디어사업부와 매출 10조 원이 넘는 LG이노텍을 비교해보라. '지금 여기'에 충실하다 보면 길은 열리기 마련이다. 언젠가 당신이 이루게 될 큰 성취는 오랫동안 당신이 '현재의 자리'에서 성실하게 쌓아 올린 시간에 대한 보답이다.

제3장

유연한 위기관리: 궁하면 변하고, 변하면 통한다

비즈니스에도 금기가 있다.
그러나 금기 중에는 단지 타성 탓에 지켜온 관행도 있다.
살아남기 위해서는 그런 관행으로부터 벗어나야 한다.

공장에서 별안간 불이 났다. 메인 공정은 무사했으나 후속 공정을 담당하는 라인이 전소됐고, 이로 인해 고객사에 납품하기로 한 물량과 기한을 어길 위험에 처했다. 책임자로서 당신은 납기일을 지키기 위해 어떤 대응책을 마련할 것인가?

시장의 성장세가 뚜렷하지만 생산할 자격을 획득하기까지 과정이 까다롭고 기간도 1년이 필요한 제품이 있다. 당신은 이 사업이 장래가 있다고 판단하여 설비와 기술 개발에 적지 않은 돈을 투자했다. 그러나 제조하기가 어렵고 양산 수율이 낮아 적자가 지속되자 회사는 그만 철수하라는 지시를 내렸다. 당신의 선택은?

_____

_____

_____

_____

진퇴양난에 빠진
신규사업

내가 2002년부터 경영을 맡은 LG전자의 PCB사업부는 2000년과 2001년 연속 결손을 내고 있었다. 2001년의 경우 매출 2700억 원에 경상손실이 602억 원이었다. 적자가 매출의 20% 이상 났으니 상황이 심각했다.

신임 사업부장으로서 무엇을 어떻게 해야 하나? 먼저 문제부터 파악해야 했다. 그래야 적자를 줄이거나 흑자로 돌릴 방안을 찾을 수 있었다. 원인 진단은 오래 걸리지 않았다. LG전자의 PCB 공장은 오산과 청주에 있었다. 나는 PCB사업부장이 되기 1년 전인 2001년부터 청주의 PCB 사업장을 담당했다. 청주 PCB 공장은 비디오테이프 사업 매각이 원만하게 철회되는 데 협조한 직원들에 대한 보상 차원에서 회사가 투자한 것이었다. 회사는 오디오테이프 사업을 접으면서 그 자리에 PCB 라인을 설치했다. 이 겸직 경험이 PCB사업부를 맡게 되었을 때 조기에 경영개선에 착수할 수 있는 바탕이 되었다.

당시 LG전자 PCB사업부의 현황과 문제점을 설명하기 전에, 독자에게 문제를 제시하고자 한다. 몇 분간 잠시 독서를 멈추고 진지하게 고민해본 후 다음 내용을 읽어보기 바란다. 여러분이 경영전문대학원에서 사례를 분석한다고 상상해보자. 또는 경영 컨설턴트로서 문제에 처한 LG전자 PCB 사업부에 흑자 전환 방안을 제시해야 한다고 생각해보자. 무엇을 어떻게 해야 할까?●

PCB산업과 시장의 특수성

—

PCB는 우리에게 친숙한 부품이다. 일상적으로 활용하는 전기·전자 기기에 필수적으로 들어간다. 버려지거나 수리 중인 가전제품

● 이 절 내용 중 상당 부분은 LG경영개발원에서 운영하는 LG MBA의 사례 연구 자료를 참고해 작성했다.

속에 있는, 작은 부품들이 꽂힌 녹색 기판이 바로 PCB다. PCB란 반도체나 저항기, 스위치 등의 전기적 부품들을 납땜하여 조립하는 얇은 판이다. 얇은 판의 소재는 절연물이다. 그 위에 구리 박을 씌운 뒤 원하는 회로 배선을 따라 레지스트를 인쇄한다. 이 판을 식각액에 담그면 레지스트가 묻지 않은 부분은 녹고, 레지스트를 제거하면 구리 회로 배선이 완성된다. 이것이 PCB다. 절연물 소재로는 에폭시를 스며들게 한 베이클라이트 종이나 유리 섬유, 플라스틱 필름 등이 쓰인다.

PCB의 종류는 기판을 몇 개 쌓느냐에 따라, 또 기판이 구부러지느냐에 따라 나뉜다. 대개 기판이 6층 이상이면 다층 PCB^{MLB: Multi Layer Board}라고 부른다. 플라스틱 필름을 절연물로 써서 만든 PCB는 구부러져서 연성 PCB라고 불린다.

한편, 반도체를 메인보드와 연결해주는 패키지 서브스트레이트라는 게 있다. 반도체 칩을 메인보드에 연결하는 역할은 2002년까지는 지네발처럼 생긴 리드프레임이 했는데, 이후 패키지 서브스트레이트가 리드프레임을 대체했다. 패키지 서브스트레이트는 줄여서 패키지라고도 불린다. 반도체 패키지 또는 반도체 기판 모두 패키지 서브스트레이트를 이르는 말이다.

LG전자의 PCB사업부는 역사가 깊다. 1970년에 출발해 LG그룹의 전자산업과 함께 발전했다. 초기에는 TV와 모니터, 비디오·오디오 기기에 주로 들어가는 단면 페놀 기판으로 시작했다. 이후 휴대전화 단말기에 들어가는 리지드 PCB와 통신 중계장비에 사용되는 MLB, 패키지 서브스트레이트 등을 생산했다.

매출 비중으로 보아 LG전자 PCB사업부의 고객은 70대 30 정도로 내부 위주였다. 그룹 내부 시장은 캡티브 마켓 captive market 이라고 부르고 외부 시장은 오픈 마켓 open market 이라고 부른다. PCB 생산업체들은 LG전자 PCB사업부처럼 캡티브 마켓을 위주로 사업을 전개하는 기업군과 대덕전자처럼 캡티브 기반 없이 오픈 마켓에 공급하는 기업군으로 구분된다. 과거에는 캡티브 기업군이 일반적이었다. 여기에는 보안에 대한 염려도 작용했다. 완제품 업체는 개발되고 있는 신제품의 회로 도면을 PCB 업체에 제공해야 하는데, 만약 PCB 업체가 복수의 완제품 업체와 거래하고 있다면 신제품 정보나 신기술이 경쟁사에 유출될 가능성을 고려하지 않을 수 없기 때문이다. 그러나 완제품 업체의 의사결정이 품질과 비용, 납기 위주로 이루어지면서 전문기업이 일감을 점차 더 많이 받게 되었다.

PCB 생산의 특성은 고객의 주문에 따라 생산한다는 것이다. 만들어진 제품은 주문한 완성품 업체에서만 사용할 수 있다. PCB 업체는 고객이 요구한 특별한 사양의 제품을 고객이 원하는 납기에 맞추어 생산해야 한다. 또 고객이 요구하는 품질을 100% 만족시켜

신뢰를 주어야 한다.

PCB는 생산에 대규모 설비가 필요한 장치산업인데, 설비투자 의사결정이 간단치 않다. 어떤 고객이 어떤 종류의 주문을 할지 예측해 설비투자 의사결정을 내려야 하는데, 그 예측이 적중하지 않을 위험이 상존하기 때문이다.

PCB는 또 여러 단계의 공정에 많은 인력이 투입되어야 하고, 모든 공정을 다 거쳐야 생산이 완료된다. 어느 한 공정에서라도 불량이 발생하면 그동안 투입한 자재와 노력이 무위로 돌아간다. 불량은 줄여야 하지만, 어차피 발생하는 불량이라면 초기 공정에서 나오는 편이 더 나은 셈이다. 인원이 많다 보니 원가에서 인건비가 차지하는 비중도 다른 품목의 자동화된 공장보다 상당히 높다.

두 마리 토끼를 놓치다

자, 이제 시계를 내가 사업부장을 맡기 전 상황으로 돌려보자. 당시 사업부는 이전에 내려진 의사결정의 결과를 현안으로 떠안고 있었다. 1999년에 LG전자 PCB사업부는 LG전자의 TV와 모니터, VCR 등 캡티브 마켓 위주로 사업을 영위했다. 이들 완제품에 들어가는 PCB는 매출이 제자리를 맴돌았고 수익성도 점차 악화되고 있었다.

이를 타개하기 위해 PCB사업부는 오픈 마켓 신시장 개척과 고부가가치 제품으로의 전환이라는 전략을 세웠다. PCB 중 부가가치가 큰 품목은 MLB와 패키지 서브스트레이트다. 이 전략을 채택하는 데에는 당시 밀레니엄 전환기를 맞아 정보기술IT 경기가 호황이었다는 상황도 영향을 주었다. 시장이 날로 성장하는 상황에서는 신규 참여의 위험이 작아 보인다.

이 전략에 따라 PCB사업부는 청주 공장과 오산 공장에 대규모 투자를 감행했다. 그전까지 휴대폰에 들어가는 기판은 오산 공장에서 생산했는데, 향후 휴대폰 시장이 폭발적으로 증가할 것을 예상해 청주 공장에 휴대폰용 PCB 전용라인을 갖추기로 한 것이다. 이 전용라인을 갖추는 설비투자에 약 700억 원이 집행되었다. 사업부 규모에 비추어볼 때 거액의 투자였다. 오산 공장에도 신규 생산라인을 설치했다. 300억 원을 들여 패키지 서브스트레이트 사업에 뛰어들었다. 신규 투자 이후 PCB사업부의 사업 영역은 MLB 생산실과 패키지 생산실, LG전자 휴대폰에 특화된 청주 생산실의 3개 단위로 재편되었다. 이들 사업 영역별로 생산실을 신설하고 그 아래 하위 조직으로 생산관리, 제조, 생산기술을 각각 두었다. 또 사업별로 영업조직을 설치했다.

마진이 크고 고성장하는 오픈 마켓의 MLB와 패키지 서브스트레이트를 적극 공략하면서 PCB사업부는 캡티브 마켓을 등한시했다. 산토끼를 좇느라 집토끼를 돌보지 않는 격이었다. 의사결정의 방향에는 큰 문제가 없었다. 패키지 서브스트레이트 같은 사업은 중요한 신규 분야였다. 그러나 기존 설비를 완전가동하면서 방향을 서서히 전환해야 했는데, 그러지 못하다 보니 기존 설비의 가동률이 낮아졌다. 이게 문제였다.

수렁에 빠지다

―

사업 환경은 예상과 반대로 전개되었다. MLB와 휴대폰용 PCB, 패키지 서브스트레이트 모두 계획과 달리 고전하는 상황에 마주했다. 결국 전 부문이 적자를 냈다. 문제는 사업부만이 아니라 LG전자 본사까지 고민할 정도로 커졌다.

MLB는 IT 경기가 계속 호조를 보이리라는 예상에 따라 적극 공략에 나선 품목이었다. 그러나 미국에서부터 IT 버블이 붕괴되면서 MLB 수요가 급감했다. PCB사업부의 MLB 라인 가동률은 50% 수준까지 떨어졌다. 청주 공장의 휴대폰용 PCB 전용 라인도 당초 예상과 달리 국내 시장의 휴대폰 수요 부진에 직면했다. 조업률이 계획의 30%에도 못 미치는 상황이 6개월 이상 이어졌다.

패키지 서브스트레이트 사업은 시장 상황 악화 때문이 아니라 반도체 시장의 고객 관계를 제대로 파악하지 않은 채 시작하는 바람에 고전했다. 패키지 서브스트레이트를 양산하는 수주를 받기 위한 자격을 획득하는 과정이 까다로웠고, 시일도 1년 이상 걸렸다. 그 과정의 첫 단계는 반도체회사의 기준에 따른 공장 실사와 자격 심사를 통과해 인증공급자로 등재되는 것이다. 그다음에는 반도체의 제품 특성에 따라 샘플을 제출한 후 엄격한 신뢰성 테스트에서 여러 차례 완벽하게 합격해야 한다. 이들 관문을 통과하면 소량 주문을 받을 수 있는 공급자가 된다. 결국 패키지 서브스트레이트는 양산 수주로 연결되기까지 오랜 시일이 걸렸고 그나마 수주한 품목들도 양산 수율이 낮았다.

PCB사업부는 명운을 건 의사결정을 몇 건 내려야 했다. 제시된 방안 중 상반되는 두 가지는 다음과 같다. 당신이 신임 PCB사업부장이라면 어느 쪽을 선택하겠는가?

▶ 더 현대화된 설비를 이용해 최신 MLB 제품을 만들어야 매출을 늘릴 수 있다. 새로운 설비에 100억 원을 투자해야 한다.

▶ 우리의 능력으로 자원을 추가로 배정하기보다 지금이라도 원점으로 돌아가서 캡티브 마켓에 집중해야 한다. 내부 고객으

로부터 다시 수주해 가동률을 높이고 품질을 개선하고 원가를 혁신하면 위기를 극복할 수 있다.

살아남는 싸움에
체면은 없다

　PCB사업은 내가 직전에 경영한 레코딩미디어사업부와 공통점이 있다. 우선 대규모 설비투자를 요하는 장치산업이고, 현장 사원을 3교대로 24시간 투입해야 하는 등 인력이 많이 필요하다는 점이다. 물론 차이점도 있다. 그리고 이것이 PCB사업을 훨씬 어렵게 만들었다.

　비디오테이프는 경쟁사들보다 품질을 높이고 원가를 낮추면 만드는 족족 판매할 수 있었다. 그러나 PCB는 100% 주문을 받아야 생산할 수 있다. 대규모 설비투자를 했는데 고객으로부터 주문이 들어오지 않으면 큰 손실이 발생하게 된다. PCB사업부의 청주 공장과 오산 공장 설비투자가 그런 곤경에 처해 있었다.

PCB는 완성되기까지 공정이 많다. 예를 들어 다층 PCBMLB는 내층에서 시작해 적층, 드릴, 동도금, 외층, PSR^{Photo Solder Resist}, 라우팅, 표면처리, 검사 공정을 거쳐야 한다. 내층은 MLB 중간층에 해당하는 회로를 형성하는 공정이고, 적층은 내층을 중심으로 다층 기판을 형성하는 공정이다. 그래서 원자재를 투입해서 제품이 나오기까지 시일이 오래 걸린다.

또 품목마다 설계 도면이 다르다. 어떤 품목은 2주 만에 만드는데, 다른 품목은 3주 걸리고, 또 다른 품목은 4주 이상 소요되기도 한다. 그 과정에서 불량이 나오면 앞선 공정에 들인 노력이 물거품이 된다. 첫 공정에서 불량이 나도 불량이고, 마지막 공정에서 불량이 나도 불량이다. 차라리 첫 공정에서 불량이 발생하면 바로 다시 투입하면 되지만, 마지막 공정에서 불량이 생기면 그동안 생산에 들인 시간과 비용 모두 헛일을 한 꼴이 된다.

불량이 예상보다 증가하면 고객과 약속한 물량을 납기 내에 공급하지 못하는 사고가 난다. 그렇게 되면 고객은 우리에 대한 신뢰를 거둬들이고, 물량을 줄인다. 나는 불량률을 낮추기 위해 레코딩미디어사업부에서 실행한 목표 달성 해장국 미팅을 PCB사업부에서도 실시했다. 이와 함께 품질은 현장 사원들의 열의와 집중에서 나온다는 점에서 업무 기강을 강조했다. 또 레코딩미디어사업부에서 성공체험을 쌓은 'IMS'를 PCB사업에서도 추진했다. 업종이 다른 PCB에서 실행하는 데에는 응용력이 필요했다. 그러나 간절히 원하면 방법이야 찾게 되기 마련이다. PCB사업부는 초기 시행착오를 거쳐 자체 특성에 맞게 IMS 혁신 활동을 벌여나갔다.

그렇게 품질을 높이면서 원가를 낮춰나갔다. 그런데도 PCB사업부를 적자에서 흑자로 돌려놓는 것은 역부족이었다. 애초에 주문 물량이 부족했다. 부족한 물량으로는 고정비가 충당되지 않는 상황이었다. 가동률을 높여야 품목당 원가를 낮춰 흑자를 낼 수 있었다.

놓은 손도 다시 잡는다

주문 물량 부족의 배경에는 MLB를 비롯해 고부가가치 품목 비중을 키운다는 전략이 있었다. 이 전략에 따라 PCB사업부는 마진이 없거나 적은 품목은 생산을 접었다. 예를 들어 LG디스플레이의 LCD모듈에 들어가는 PCB도 반납했다. 캡티브 시장의 고객사인 LG디스플레이가 "그럼 우리는 어디서 조달하느냐?"며 당황하는데도 "그 품목은 적자가 나서 이제 못한다"며 공급을 중단했다.

이 전략은 적어도 2000년 매출에서는 효과를 나타내는 듯했다. 매출은 1999년 2800억 원에서 2000년 3500억 원으로 증가했다.

그러나 대규모 설비투자를 반영한 손익은 240여억 원 영업이익에 그쳤다. 2001년에는 매출이 2700억 원으로 급감하며 1999년보다도 줄어들었다. 경상손실이 602억 원이나 발생했다.

MLB 등 새로 공을 들인 품목의 주문이 줄어들자 전체 주문 물량이 줄었다. 청주 공장은 휴대폰용 PCB 전용라인이었다. 청주 공장은 LG전자 공급도 목표로 했지만 다른 거래처로 미쓰비시를 정해두고 설치한 전용라인이었다. 그러나 미쓰비시의 휴대폰 사업이 저조한 실적을 보이면서 PCB 주문 물량은 기대에 크게 미치지 못했다. 그 결과 전반적인 가동률이 떨어졌다. 결국 마진이 있는 품목만 생산해도 적자를 보는 지경에 이르렀다.

무엇보다 주문을 안정적으로 확보하는 게 급선무였다. 생산라인을 완전 가동했을 때 물량과 각 품목의 원가를 파악했다. 이전에 마다했던 품목을 수주하러 나섰다. 사업부장으로서 고객사에 가서 사과하고 다시 물량을 주십사 간청했다. LG디스플레이에도 찾아갔다.

"반납할 때는 언제고 갑자기 왜 다시 오더를 달라고 합니까?"

"미안합니다. 그때는 그게 적자여서 그렇게 했습니다. 잘 부탁합니다."

없는 손은 빌려온다

—

그렇게 물량을 받아나갔다. 주문을 채우면서 적자 폭을 줄여나갔다. 흑자 전환을 위해 가동률을 높이는 동시에 외주 생산을 활용했다. 주문을 받아놓은 다음 넘치는 물량을 저렴한 품목 순서로 외주를 주었다. 수주가 어려운 중소업체를 정해서 물량을 넘기고 기술지도와 품질지도를 하면서 생산하도록 했다. 중소업체는 인건비 등 부담이 적어 우리보다 낮은 단가에서도 이익을 낼 수 있었다. 반대로 우리는 마진이 좋은 품목 위주로 생산했다.

검사 등 일부 공정도 외주로 돌렸다. 검사 공정 외주화를 놓고 사업부에서는 고민을 많이 했다. 검사 공정은 핵심 공정이었고 많은 인원을 필요로 했다. 비용 측면에서 보면 검사 공정 아웃소싱을 통해 원가를 획기적으로 절감할 수 있다. 반면 검사 공정을 밖으로 돌렸는데 외주 업체에서 불량을 제대로 찾지 못하면 불량 제품이 공급될 위험이 있다. 그럴 경우 고객이 클레임을 제기하면 PCB 판매액의 수십 배를 물어줘야 했다.

비용 절감과 위험을 저울질한 끝에 외주화를 결정했다. 처음에는 외주 공정을 사내에서 수행하도록 하다가 근처 공장을 임대해 그곳에 입주하도록 했다. 일부 공정을 외주 업체에 줌으로써 PCB 사업부는 비용을 줄이는 동시에 주문에 유연하게 대응할 수 있었다. 전에는 주문이 없어도 전 공정의 모든 인원이 대기했는데, 이후에는 주문이 없는 시기의 대기 인원이 크게 줄었다. 또 주문이 집중될 경우 외주 업체는 주말에도 해당 공정을 돌려서 납기를 맞추는 데 협조했다.

곪은 손가락은 잘라낸다

반도체 기판은 대응이 가장 어려웠다. 패키지 서브스트레이트, 또는 반도체 패키지라고도 불리는 반도체 기판은 LG반도체를 고객사로 상정하고 투자를 늘린 품목인데, IMF 관리체제 이후 벌어진 반도체 빅딜로 이 내부 마켓이 사라졌다. 다른 주요 반도체 회사로부터 주문을 받기까지는 엄격하고 까다로운 절차를 거쳐야 했고, 그 절차를 거쳐도 초기 물량은 규모가 작았다. 고민과 고심 끝에 인력 구조조정 외에는 방안이 없다는 결론에 이르렀다.

인력 구조조정은 어렵고도 민감한 사안이다. 소문이 날 경우 실패할 공산이 커진다. 자신의 자리가 걸린 일이기 때문에 구성원들이 예민하게 반응하게 된다. 특히나 경영진과 구성원들 사이에 감정적인 골이 깊어질 수 있다. 나는 이를 레코딩미디어사업부 매각 추진 과정에서 누구보다 마음고생을 하며 경험한 바 있다.

그래서 인력 구조조정을 결정한 다음 그 의사결정에 참여한 직원들에게 함구령을 내렸다. 구조조정을 발표하기 전에 노조지부장과 만나자고 했다. 구성원들의 구심점이자 구성원들과 회사에 대해 영향력이 큰 노조지부장부터 만나 이해를 구해야 했다. 노조지부장과 저녁 식사 약속을 잡았다.

양주를 한 병 들고 갔다. 폭탄주부터 돌렸다. 둘 다 긴장이 풀리고 불콰해진 다음 말을 꺼냈다.

"이대로 가다간 우리가 다 같이 죽습니다. 우리가 살기 위해서는 인력 구조조정이 불가피합니다. 노조와 구성원들의 이해가 필요합니다."

다른 대안이 없었다. 노조지부장이 고통스러운 일이지만 힘을 보태겠다고 뜻을 밝혔다. 덕분에 반도체 기판은 인력 구조조정을 분규 없이 마무리 지을 수 있었다. 그러나 반도체 기판 사업을 완전히 접지는 않았다. 회사는 반도체 기판에서 철수하라고 지시했지만, 그 지시를 따르지 않았다. 그러기에는 그동안 들인 투자와 노력, 경험이 너무 아까웠고, 고난도인 반도체 기판은 당장의 실적을 떠나 향후 사업성이 밝았다. 이후 이 결정은 틀리지 않았음이 증명됐다.

다각도의 노력을 통해 2002년 PCB사업부의 매출을 3100억 원으로 회복시켰다. 경상손실은 442억 원으로 줄였다. 2003년에는

3400억 원으로 매출을 신장시키며 106억 원 경상이익으로 돌려놓았다. 이후 PCB사업부는 2004년에 4200억 원, 2006년에 5500억 원 매출을 올리며 흑자 행진을 이어갔다.

담배도 끊었는데
흑자를 못 낼까

"PCB 사업은 피곤하고(P), 치사하고(C), 배고픈(B) 사업이다."
내가 PCB 업계 사람들한테 한 말이다.

PCB 사업은 피곤하다. 고객의 주문에 맞춰 생산해야 해서 품목마다 설계 도면이 다 다르다. 또 공정이 짧게는 보름도 걸리고, 한 달도 걸린다. 다층 PCB^{MLB}로 갈수록 생산에 시일이 오래 걸린다. 여러 공정을 거치는 품목을 만들다가 5일째에 불량이 발생하면 차라리 괜찮다. 5일 비용만 손해 보면 된다. 그러나 마지막 단계에서 불량이 발생할 경우 비용도 비용이거니와, 고객에게 납기 내 물량을 공급하지 못하는 사고가 발생한다.

PCB 사업은 또 치사하다. 오늘 주문이 없으면 생산라인을 가동하지 못한다. 오늘 주문받은 품목이 생산에 2주가 걸리고 납기가 2주 뒤라고 하자. 물량이 그뿐이라면 공정이 지나간 생산라인은 남은 기간에 놀게 된다. 물량이 너무 많아도 감당하지 못한다. 생산라인을 계속 가동하려면 주문을 끊임없이, 생산능력에 비추어 처리할 수 있는 만큼만 받아야 한다. 자주 고객한테 가서 물량을 적당량씩 챙겨야 하니, 영업부서 사람들은 속으로 '치사하지만'이라는 말을 하게 된다.

마지막으로 배가 고팠다. 환율이 높을 때는 수출을 많이 해서 채산성을 맞췄는데, 그 이후 경쟁이 치열해지면서 마진이 점점 박해졌다. 고부가가치 품목이 있었지만 기존 품목들은 부가가치가 낮은 정도가 아니라 손실을 냈다.

나는 그 피곤하고 치사하고 배고픈 PCB사업부에서 담배를 끊었다. 레코딩미디어사업부에서부터 오랫동안 스트레스 해소의 수단으로 삼아왔던 담배였다. 스트레스는 PCB사업부가 훨씬 심했으니, 부임 초기에는 전보다 담배를 더 피우게 됐다. 그러다가 딱 담배를 끊었다. 그 사연은 이랬다.

불시점검으로 적발한 클린룸 흡연

—

LG전자의 PCB 공장은 오산과 청주에 있었다. 청주 공장은 1999년 레코딩미디어사업부의 매각 파동이 분규 없이 철회된 이후 신설되었다. 레코딩미디어사업부는 오디오테이프 사업에서 철수했는데, 회사에서 그 자리를 PCB 공장 입지로 결정했다. 레코딩미디어사업부 구성원들이 매각 당시 사태가 악화되지 않도록 현명하게 대응했다는 점도 입지 선정에 반영되었다.

오산 공장은 1970년대에 벽돌로 지어진 낡은 건물에 있었다. 층높이도 낮았다. 그런데 PCB는 공기 중 먼지에도 영향을 받기 때문에 생산라인은 클린룸 환경이 요구된다. 이와 같은 괴리가 오산 공장을 처음 방문했을 때부터 신경이 쓰였다. 공장이 깔끔하지 않은 가운데 클린룸만 청정하게 유지하기란 어려운 법이기 때문이었다.

생산라인이 깨끗하게 유지되는지 점검하기 위해 현장을 자주 둘러봤다. 현장을 도는 데 30분에서 1시간 정도 걸렸다. 그런데 현장에 가보면 이상하게 담배 냄새가 자주 났다. 클린룸 환경을 조성해 놓고 담배를 피운다는 것은 말이 안 됐다. 만약 현장에서 흡연하는 사원이 있다면, 그는 부임 이후 내가 역설해온 근무 기강 및 태도를 정면으로 위반하는 것이었다.

토요일 불시에 현장을 방문했다. 당시에는 토요일에도 근무했다.

평소에는 사업부장이 출근하면 정문의 경비가 그 사실을 현장에 알려주는데, 입구에서 경비에게 내가 왔다는 사실을 절대로 아무한테도 알리지 말라고 당부했다. 역시나 담배를 피우는 현장을 적발했다. 생산라인 안 사무실에서 반장이 피우고 있었다. 그것도 방진복을 입은 채로. 담배를 피우려면 방진복을 자기 옷으로 갈아입고 나가서 흡연한 뒤 다시 방진복으로 갈아입어야 했으니 번거로웠을 것이다.

'생산라인은 클린룸이니까 방진복 제대로 입고 금연하라고 그렇게 강조했건만, 어떻게 이럴 수가 있나.'

충격을 줘야 한다고 생각했다. 일부러 반장 앞에서 문을 걷어찼다. 어찌나 세게 찼는지 문짝이 떨어져 나갔다. 부임한 지 얼마 되지 않아서 반장의 이름을 몰랐다. 신분증 카드를 빼앗았다. 나중에 듣고 보니 현장에서는 "결국 적발될 줄 알았다"부터 "그 반장은 잘리겠네"라는 반응이 나왔다고 한다. 노조에도 비상이 걸렸다.

흑자 나기 전까지 금연 선언
—

이를 계기로 근무 기강을 다잡기로 했다. 다음 주 월요일 출근해 인사부에 노조와 협상하라고 지시했다. 인사부는 "생산라인 밖에 흡연실을 만들어줄 테니, 직원들은 반드시 흡연실에서 담배를 피우도록 한다"는 지시에 노조의 동의를 받아냈다. 그렇게 해서 생산라인에서 흡연하는 일을 근절했다. 그러면서 나도 선언했다. PCB 사업이 흑자가 나기 전에는 담배를 피우지 않겠노라고. 그렇게 선언하고 난 뒤 담배를 딱 끊었다. 그리고 PCB 사업부가 2003년에 흑자로 돌아선 이후 담배를 다시 피우게 되었다.

PCB사업부에서 성과를 낸 뒤 2005년 7월에 모바일커뮤니케이션사업본부의 단말생산담당 상무로 옮겼다. 휴대폰 공장은 평택에 있었다. 모바일커뮤니케이션사업본부도 당시 적자를 내고 있었다. 휴대폰 공장은 사무동과 공장이 한 건물에 있었는데, 사무직들은 근무시간에 수시로 건물 밖에 나가 담배를 피웠다. 현장 사원과 형평성도 맞지 않았고, 근무시간에는 일에 집중한다는 측면에서도 어긋난 행태였다. 평택 공장에서 한 번 더 선언하면서 호소했다. "내가 금연에 솔선수범하겠다. 사업본부가 흑자가 날 때까지 담배를 피우지 않겠다. 사무직 여러분은 휴식 시간에만 흡연하는 방법으로 동참해달라."

모바일커뮤니케이션사업본부는 2006년에 흑자로 돌아섰다. 하지만 나는 금연을 이어갔다. 근무 기강을 계속 유지하기 위해서였다.

몬태규 가家를 찾아간 줄리엣

2002년부터 LG전자 PCB사업부장으로 일할 때 판로 확보에 애를 먹은 품목이 패키지 서브스트레이트였다. 반도체 칩을 메인보드에 연결하는 역할을 하는 품목이었다. 패키지 서브스트레이트의 고객사는 반도체 제조업체와 엠코, 칩팩 같은 반도체 후처리OSAT: Outsourced Semiconductor Assembly and Test 업체이다.

패키지 서브스트레이트는 LG전자도 제조했지만, 삼성에서는 삼성전기가 만들었다. 삼성전기는 패키지 서브스트레이트를 제조해 삼성전자 반도체 부문에 납품했다. 그래서 LG전자 PCB사업부는 삼성전자 반도체 부문에는 아예 접근하지 않았다.

'삼성과 거래하지 않을 이유가 없다'는 게 내 생각이었다. 삼성전자 제품을 구매하는 것도 아니고, 우리 부품을 삼성전자에 공급하는 거래인데 하지 않을 까닭이 없었다. 설사 거래가 성사되지 않을지라도 시도는 해봐야 한다고 생각했다. 삼성전자 반도체 부문의 담당자가 누구인지 알아봤다. 오세용 전무였다. 전화를 걸었다. 내 소개를 하고 인사한 뒤에 찾아가겠다고 얘기했다. 그러라는 답변을 들었다.

LG전자 오산 PCB사업장에서 삼성전자의 화성 반도체공장으로 갔다. 레코딩미디어사업부에서 근무할 때 제조한 영화 DVD 타이틀 몇 편을 들고 갔다. 만나서 패키지 서브스트레이트를 공급하고 싶다는 용건을 털어놓았다.

"물량을 많이 달라고 하지는 않겠습니다. 쉬운 것부터 조금씩 주시기를 부탁드립니다."

"삼성에서 10년 정도 근무했는데, LG에서 비즈니스를 위해 찾아오기는 처음입니다. 감동했습니다."

거래는 성사되었다.

오세용 전무는 MIT에서 재료공학을 전공한 박사로, 1994년부터 삼성전자 반도체 부문에 근무했다. 앞서 1988년부터 1993년까지는 IBM 연구소에서 활동했다. 나이는 나보다 세 살 위였다. 오 전무는 2009년 삼성전자 반도체 부문 부사장으로 퇴직한 뒤 LED

제조업체인 서울반도체로 옮겼다. 나도 2005년에 PCB사업부장에서 단말생산담당으로 일하게 되었고, 그와의 사업적인 교류는 중단되었다.

하지만 오세용 전무와 내 후임 PCB사업부장의 만남에 합석했다. 후임 PCB사업부장은 직급도 전무와 상무로 차이가 나고 갑과 을의 관계도 있어서 오 전무를 어려워했고, 내게 '찬조 참석'을 요청했다. 나는 LG전자 휴대폰을 들고 갔다. PCB사업부에서 구매한 휴대폰이었다. 삼성전자에서 일하는 오 전무가 LG전자 휴대폰을 쓰지는 못하겠지만, 부인이나 아이들한테 선물하라고 했다.

그러다 2013년에 그가 SK하이닉스의 제조책임사장으로 선임되었다. 나는 LG이노텍 CEO로 일하고 있었다. 희한하게도 오세용 사장과 나 사이의 PCB 사업 인연은 다시 닿았다. 앞서 LG전자의 PCB사업은 2008년 LG마이크론의 PDP사업과 맞교환되었고, LG마이크론은 2009년 LG이노텍에 합병되며 PCB사업이 LG이노텍으로 넘어온 상태였다.

축하 겸, 업무 겸 전화를 걸었다.

"오세용 사장님, 축하합니다. 물을 만나셨습니다."

"감사합니다."

"저는 단말생산담당을 거쳐 LG이노텍으로 옮겼습니다. 부품소재사업본부장으로 일한 다음 작년에 CEO를 맡게 되었습니다. 그런데 PCB사업은 현재 LG이노텍에서 하고 있습니다. 오랜만에 연락했는데 바로 업무 이야기를 하게 됩니다만, 우리에게도 패키지 서브스트레이트에 기회를 주실 수 있겠습니까?"

"당연히 드려야지요."

오세용 사장은 담당 전무를 소개해줬다. 나는 그 전무를 LG이노텍의 PCB사업부장에게 연결해줬다.

나는 단말생산담당 때에는 삼성전자 반도체도 구매했다. 당시 매년 봄과 가을에 황창규 삼성전자 사장과 TMM^{Top Management Meeting}을 진행했다. 삼성전자 반도체 부문에는 LG 휴대폰 라인도 만들어졌다.

흔히 비즈니스에도 금기가 있다고 한다. 그러나 금기 중에는 단지 타성 탓에 지켜온 관행도 있다. 살아남기 위해서는 그런 관행으로부터 벗어나야 한다. 그룹이 달라서, 경쟁사라서, 지금의 내 사업 분야와 동떨어져 있어서 협력할 부분을 찾을 생각조차 않는다면 사업은 항상 그 자리를 맴돌 것이다.

삼성전자 반도체 부문에 처음 찾아간 LG맨인 나와 LG맨의 제안을 최초로 받아들인 삼성맨은 지금도 만난다. 오세용 사장은 SK하이닉스를 2년간 경영한 뒤 2015년에 퇴임하고, 양조 사업자로 변신했다. 충북 청주에 양조업체 '스마트 브루어리'를 설립해 2020년부터 쌀로 빚은 증류 소주와 보드카, 진을 내놓고 있다.

필요하면
아군도 속인다

　약 10년의 절차탁마를 거쳐 반전 드라마의 주인공이 된 부품이 패키지 서브스트레이트, 즉 반도체 기판이다. 반도체 기판은 현재 LG이노텍의 기판소재사업부에서 사업을 진행하고 있다. 기판소재사업부는 광학솔루션사업부 및 전장부품사업부와 함께 LG이노텍의 3개 사업부를 구성한다. 기판소재사업부는 2020년 매출 1조 2184억 원으로 회사 전체 매출 9조 5418억 원 중 13%를 기여했다.

　먼저 변신 후 요즘 활약상을 살펴보자. 다음은 LG이노텍이 2021년 8월 내놓은 홍보자료 중 일부다. 이 자료가 소개하는 제품 가운데 '무선주파수 패키지형 시스템RF-SiP : Radio Frequency-System in Package

기판'을 주목하자.

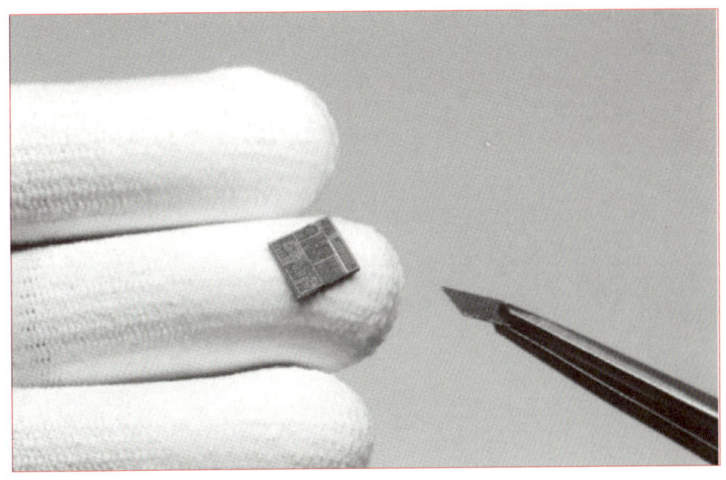

세계에서 가장 두께가 얇은 LG이노텍의 RF-SiP 기판. 이 위에 통신칩, 필터 등 100여 개에 달하는 부품이 올려진다. RF-SiP 기판은 스마트폰이나 웨어러블 기기의 메인기판과 연결된다.

LG이노텍 기판소재 눈에 띄네!

―

- 초정밀, 고집적 혁신기술로 글로벌 시장 선도
- 혁신 활동 통한 세계 최고 수준 생산성 및 품질 확보
- 적극적인 투자 및 신사업 확대로 미래 준비 강화

LG이노텍(대표 정철동) 기판소재 사업이 혁신기술과 생산성으로 숨은 강자로 떠오르며 업계의 주목을 받고 있다.

LG이노텍은 반도체 패키지나 디스플레이 패널을 만들 때 사용되는 기판 소재부품을 생산한다. 모바일·IoT 기기의 통신칩과 어플리케이션 프로세서, OLED 등 고해상도 디스플레이 패널에 들어가는 핵심 부품이다. 기판소재 사업은 2020년 전년 대비 매출 10%, 영업이익은 61% 증가하는 등 최대 실적을 기록, LG이노텍의 대표 효자 사업으로 자리매김했다. 올해 전사 매출 10조, 영업이익 1조 달성 전망 배경에도 통신용 반도체 및 디스플레이용 기판을 앞세운 기판소재사업부가 있다.

이러한 성과는 37년 이상 축적해온 초정밀, 고집적, 초미세 기판 기술과 생산성 혁신으로 경쟁사와의 격차를 크게 벌려온 것이 주효했다. 이와 함께 코로나 팬데믹으로 인한 5G 스마트폰 및 OLED TV의 확산세가 기판소재 사업의 성장을 뒷받침하고 있다는 분석이다.

초정밀, 고집적 혁신기술로 글로벌 시장 선도
—

기판소재 사업에서는 RF-SiP(Radio Frequency-System in Package, 무선

주파수 패키지형 시스템 기판, 테이프 서브스트레이트, 포토마스크가 대표 제품이다. 이들 제품은 수년간 세계 시장을 주도하며 전사 실적을 이끌고 있다.

사업보고서에 따르면 지난해 RF-SiP 기판, 테이프 서브스트레이트, 포토마스크에서 각각 38%, 42%, 34% 점유율을 기록하며 글로벌 시장 점유율 1위를 차지했다.

스마트폰용 LG 반도체 기판 세계 1위
두께 얇고, 신호 손실량 적어 발열도 적어

—

LG이노텍이 RF-SiP 기판에서 세계 시장의 38%를 차지하며 1위를 거머쥔 경쟁력은 무엇일까? 먼저 고객이 어떤 RF-SiP를 원하는지 알아보자. RF-SiP가 많이 쓰이는 제품이 스마트폰이다. 3세대 3G 시기를 지나 LTE 시대가 전개되면서 RF-SiP가 활성화되었다. 스마트폰은 성능이 향상되는 가운데 갈수록 얇아져왔다. 얇은 스마트폰에 채택되려면 SiP도 얇고 작아야 한다. 따라서 RF-SiP 기판도 얇아야 한다.

LG이노텍은 2020년에 세계에서 가장 얇은, 두께가 0.3mm 이하인 RF-SiP 기판을 개발했다.

이 두께는 기존 제품보다 20% 줄어든 것이다. 크기는 스마트폰 자판키 한 개 정도에 불과하다. 얇고 작게 만드는 데에 LG이노텍의 독자적인 코어리스와 미세회로 등 초정밀·고집적 기술이 적용되었다. 코어리스는 코어층을 제거함으로써 반도체 기판을 얇게 만드는 기술이다. 이 작고 얇은 기판에 통신칩과 필터 등 100여 개에 달하는 부품이 탑재된다.

또한 LG이노텍의 RF-SiP 기판은 신호 손실량이 최대 70%까지 적다. 손실되는 신호량을 저감하면 스마트폰 제조사들의 핵심 이슈인 배터리 효율과 발열 문제를 개선할 수 있다. 적은 전력으로도 더 많은 양의 신호를 주고받을 수 있을 뿐만 아니라 손실 신호에서 발생하던 열도 함께 줄기 때문이다. LG이노텍은 신호 손실량을 줄이기 위해 신호전달 속도 지연을 개선했고, 여기에는 신소재와 표면 특수처리 구리 등을 활용했다.

RF-SiP은 스마트폰이나 웨어러블 기기의 통신용 반도체 부품으로 통신을 위한 전력 증폭기, 필터 등을 하나의 패키지로 결합한 것이다. RF-SiP를 메인 기판과 연결해주는 핵심부품이 RF-SiP 기판이다. 바로 이 RF-SiP 기판이 내가 고집으로 명맥을 유지시킨 반도체 기판 사업에서 키워낸 품목이다.

LG는 한때 이 반도체 기판 사업으로부터 철수하려고 했다. 2000년

대 전반, 내가 LG전자 PCB사업부장으로 일할 때였다. 회사 방침은 고객의 요구가 까다롭고 공급에도 시일이 오래 걸리는 등 애로가 많은 반도체 기판을 접는 것이었다. 어쩔 수 없이 공급해야 하는 거래처에 대해서만 일정 기한을 두고 대응하라고 지시했다.

그러나 나는 그 방침에 따르지 않았다. 고난도인 반도체 기판은 기술의 활용도 측면에서도 잠재력이 작지 않았고, 향후 사업성 역시 밝았다. 반도체 기판에서 확보한 기술은 향후 고도화되는 다른 PCB 제품에 응용할 수 있는 기술 파급 효과가 클 것으로 판단됐다.

PCB사업부가 속한 멀티미디어사업본부의 우남균 본부장에게 보고했다. "특수 MLB라는 명칭으로 패키지 서브스트레이트를 유지하면 좋겠다"고 건의했다. MLB는 다층 PCB를 가리킨다. 결과적으로 회사에 거짓말을 하는 것이었지만, 이 사업과 회사를 위한 절충안이었다. 우 본부장은 내 건의를 받아들였다.

운명이 뒤바뀐 PCB와 반도체 기판

그 결과 반도체 기판은 주력 제품으로 성장했다. 반면 PCB는 부가가치가 점차 줄어들었다. LG는 그런 PCB에서 2019년 11월에 철수했다. 삼성전기도 PCB는 접었다.

LG가 반도체 기판에서, 특히 RF-SiP 기판에서 성과를 올리기까지 그 과정은 녹록지 않았다. RF-SiP 기판은 다른 제품군보다 리드타임이 길고 패턴이 복잡하며 구조가 고다층이어서 세계적인 반도체 기판 업체들도 제조하기 어려워했다. LG는 2006년 새로운 구조와 새로운 코어리스 공법을 적용한 RF-SiP 기판을 개발했다. 이 기판을 2008년 대형 고객사인 아바고 테크놀로지스•에 제안했다. 경쟁사보다 빠른 납기와 저렴한 단가로 어필했다. 그러나 아바고는 "몇 년 더 사업 경험을 쌓은 뒤 재방문해달라"면서 거절했다.

LG이노텍은 2009년에야 메이저 고객사의 제품이 아니라 소형 프로젝트의 모델 2개를 수주하면서 시장에 발을 들여놓을 수 있었다. 그러나 이후에도 RF-SiP 기판은 사업으로 진척을 보이지 못했다. 수율이 좀처럼 향상되지 않았다. 부품 여러 개를 하나로 통합하는 것도 어려웠지만 부품 중 하나만 오류를 일으켜도 칩셋 자체가 작동하지 않았다. 투자는 많이 했는데 성과가 부진하자 2011년에는 반도체 기판에 대한 회의론이 다시 커졌다. 내가 LG이노텍 부품소재사업 본부장을 맡고 있을 때였다.

우리는 오산에서 구미로 생산지를 옮겨 새롭게 도전했다. 차세대 코어리스 기술을 개발했다. 차세대 코어리스 기술을 활용하면

• 현 브로드컴. 매출규모 세계 6위의 반도체 기업.

기판을 얇게 만들 수 있을 뿐 아니라 열을 잘 발산시키기 때문에 신호잡음을 감소시킬 수 있었다.

천덕꾸러기에서 글로벌 1등이 되다

차세대 코어리스 기술로 아바고의 문을 다시 두드렸다. 마침내 2012년 아바고로부터 경쟁업체가 독점하던 물량을 절반이나 따냈다. LG이노텍은 2013년부터는 아바고의 북미 전략고객향(向) 프로젝트를 독점하게 되었다. 대형 업체인 아바고가 이처럼 LG이노텍을 인정하자 이제 다른 주요 업체들이 먼저 찾아왔다. LG이노텍은 고객을 다변화하면서 고객사별로 품목을 특화해 제안하는 단계로 진화했다. 2019년 LG이노텍은 세계 RF-SiP 기판 시장에서 1위를 차지했다. LG이노텍의 다층 코어리스 RF-SiP 기판 기술은 2014년 산업통상자원부로부터 세계 일류상품에 선정되었다.

LG이노텍의 RF-SiP 기판은 2020년 세계시장 점유율 38%로 1위를 지키고 있다. RF-SiP 기판을 앞세운 LG이노텍의 기판소재사업부는 성장세도 가파르다. 기판소재사업부의 2020년 매출은 1조 2184억 원으로 전년도의 1조 500억 원보다 16% 성장했다.

내가 사업부장으로서 LG전자의 PCB사업부를 이끈 기간은 2002년부터 2005년 6월까지 3년 반이다. 그 기간은 PCB 사업을 기사회생시킨 시기였다. 그때 반도체 기판 사업은 존폐의 기로에 놓였다. 나는 회사의 방침을 따르지 않으면서까지 반도체 기판의 명맥을 유지시켰다. 이후 시행착오와 실패가 반복되었으나 LG맨들은 약 10년간 줄기차게 도전했고, 마침내 글로벌 1등 제품을 만들어냈다.

불이야!

사업부장으로서 PCB사업부를 이끌 때 경영 외의 돌발 변수가 발생했다. 오산 공장에 불이 난 것이었다. 2004년 2월 20일 금요일이었다.

PCB사업부가 속한 멀티미디어사업본부는 TV와 PC, VTR 등을 담당하고 있었다. 공장은 구미, 평택, 오산, 청주 공장이 속했다. 본부는 매달 한 번씩 본부장이 주재하고 각 사업부장이 참석하는 경영 회의를 했다. 이 회의는 공장을 돌아가면서 개최했다. 그날은 구미 공장에서 오후 4시에 열렸다. 이어 다음 날 본부의 경영 관련 혁신보고대회가 무주리조트에서 열릴 예정이었다.

무주리조트에 가면서 내 차는 오산으로 올려보내고 다른 사업부장의 차를 타고 갔다. 행사가 끝나고 돌아오는 길은 오산 PCB사업부의 다른 임원과 팀장들이 타고 온 버스를 탈 요량이었다. 저녁 8시가 넘어 무주에 도착했다. 숙소 방을 배정받아 들어갔다. 냉장고에서 맥주캔을 하나 꺼내 따는 순간 전화가 울렸다. 오산 공장에서 방금 불이 났다는 것이었다. PCB 사업부의 부서장은 한 사람을 제외하고 모두 무주에 와 있었다. 불참한 그 부장은 마침 해외 출장 중이었고, 그날 인천공항을 통해 귀국할 예정이었다. 그래서 그 간부한테 인천공항에 내리면 무주에 오지 말고 곧장 오산 공장으로 향하라고 지시했다. 그나마 그 간부가 화재 현장에서 출동한 소방 인력에 협조하면서 진화를 지휘했다.

본부장에게 바로 보고한 다음 오산 공장으로 향했다. 올라가는 가운데 계속 전화로 상황을 점검하면서 불이 번지지 않도록 하라고 당부했다. 화재는 도금동棟에서 났다. 도금동의 옆 건물에는 주요 공정이 진행되는 메인 공장이 있었다. 불이 메인 공장으로까지 옮겨붙으면 큰일이었다.

11시 무렵에 오산 공장에 도착했다. 이미 김쌍수 부회장이 도착해 있었다. 불은 진화된 상태였다. 김 부회장이 현장에 있던 부장 및 비상 소집된 직원들과 함께 회의하고 있었다. 고객과 약속한 납기를 맞추려면 도금 공정을 어떻게 할 것인지를 물었다. 나는 "대응

방안을 마련해 내일 오전에 말씀드리겠다"고 보고했다.

2월 21일 토요일. 보고하기 전에 우남균 멀티미디어사업본부장이 도착했다. 우 본부장은 나를 보자마자 안아줬다. 그러면서 "자네 덕분에 내가 안 잘리고 살았네"라고 말했다. 내가 비상 대응을 잘해서 옆 건물로 불이 번지지 않았고 그래서 화재 피해가 생각보다 크지 않았다는 격려의 말이었다.

10시에 김 부회장한테 거래처별로 물량과 납기를 계획대로 맞추는 방안을 보고했다. 특히 도금 공정을 다른 업체에 위탁해 차질 없이 처리하는 방안을 브리핑했다. 그 방안을 마련하느라 밤을 새워가며 비상계획을 짰다. 아침에 관련 업체들에 연락했다. 삼성전기로부터 도움을 기대할 수는 없었고, 대구에 이수페타시스가 있었다. PCB 협회 일로 만난 김종택 사장한테 전화했다. 나는 당시 PCB 협회 부회장으로 활동했다. 김 사장에게 혹시 이수페타시스의 도금 라인에 여유가 있으면 도와달라고 요청했다. 그는 흔쾌히 수락했다. 고마웠다. PCB도 다양하지만 도금 공정도 어떤 금속을 어떻게 처리하느냐에 따라 다양하다. 공정에 따라 여러 업체에 SOS를 쳤다. 대부분 우리를 도와줬다. 그 결과 잡혀 있던 매출이 화재 직후에도 전혀 줄어들지 않도록 생산할 수 있었다.

도금 업체들의 협조란 쉬운 일이 아니었다. 내게 협조를 약속한 경영자의 말과 막상 그 회사 현장 사원들의 행동이 달라서 곤혹스러운 상황이 발생하기도 했다. 도금할 부품을 공장에 실어 갔는데 정문에서 막힌 일도 있었다. 그 공장의 사원들이 '우리 경쟁사를 도와줄 수 없다'는 생각을 행동으로 옮긴 것이었다. 그럴 때면 내가 다시 경영자에게 전화해 공정이 진행되도록 도움을 받았다. 도금 공장을 다시 짓는 일에는 설비 업체의 협조가 필요했다. 비용은 더 들어도 좋으니 신속하게 설비를 구축해달라고 요청했다. 설비 업체도 적극적으로 협조해 납기를 최대한 단축했다.

그동안 소방서에서는 화재 원인을 조사했다. 화재 원인은 찾을 수 없었다. 사내에서는 그 조사 결과에 따라 인사위원회를 열었다. 나에 대한 징계 수위는 경고로 결정되었다. 경고장은 4월 22일부로 발부됐다. 김쌍수 부회장 명의의 경고장은 "사전에 철저한 안전 관리 활동을 통해 사고를 미연에 막지 못하였다는 점을 매우 유감스럽게 생각합니다"라며 책임을 물었다. 이어 "향후 이와 같은 사고가 재발되지 않도록 더한층 노력과 관심을 기울여주기 바랍니다"라고 당부했다. 나중에 알게 된 사실은 경고장 문구가 원래 훨씬 더 강력했다는 것이었다. 내가 받은 경고장은 경고 수위가 크게 낮아진 것이었다. 문구가 그렇게 조정되도록 우남균 본부장이 중간 역할을 했다고 전해 들었다.

불이 난 2월 20일 금요일 밤에 경험한 두려운 흥분은 잊을 수 없다. 다음 날 아침에 PCB 업계와 관련 설비 업체 사람들한테 연락하며 받은 위로도 잊을 수 없다. "걱정 말라"며 도와주겠다는 답변을 들으며 내가 사람들한테서 인심을 잃지 않았음을 확인했다. 위로 올라갈수록 나 혼자만 잘해서는 할 수 없는 일이 생기게 마련이다. 나와 함께 일하는 구성원들의 참여를 끌어내야 할 뿐 아니라, 관련 업체도 서운하지 않게 챙겨야 한다.

제4장

리더의 진화: 따를 줄 아는 자가 이끌 줄도 안다

누구라도 자기 능력의 한계를 인식하지 못했다면
오히려 문제가 있을 수 있다.
자신의 능력 안에서 업무에 편하게 임했을 가능성이 있기 때문이다.
따라서 한계를 느끼는 것은 성공을 위한 좋은 징조다.

능력을 갖추고 있음에도 일에서 자신의 역량을 온전히 발휘하지 않는 직원이 있다. 상사로서 당신은 이 사람이 역량을 발휘하게 하기 위해 어떻게 해야 할까?

당신은 면접관이 되어 지원자를 앞에 두고 있다. 지원자 두 사람은 스펙에서는 별다른 차이가 없다. 한 사람은 자신이 아는 분야에 대해서는 적극성을 보이지만 그렇지 않은 분야에 대해서는 잘 모르겠다고 답하며 겸손한 태도를 취한다. 다른 한 사람은 언변이 뛰어나고 눈치가 빨라 자신이 잘 모르는 분야나 허를 찌르는 질문에도 곧잘 응수하며 능란하게 대화를 주도한다. 한 명을 뽑아야 한다면 당신은 둘 중 누구를 뽑을 것인가?

_____

_____

_____

_____

남을 이끄는 자의
자격

리더의 사전적 의미는 조직이나 단체, 회사 등을 이끌어가는 사람이다. 리더의 개념을 확장하면, 우리는 모두 리더가 될 수 있다. 자신이 속한 조직에서 단 한 명이라도 후배가 있다면, 당신은 그 후배의 리더이다. 조직이나 단체의 장長을 맡아야만 리더가 되는 것은 아니란 얘기다.

'혼자서는 빨리 갈 수 있어도 멀리 갈 수 없다'는 말이 있다. 조직이란 각자 개성 있는 사람들이 모여서 공유된 목표를 이루는 것이다. 목표를 이루기 위해서는 '우리'가 함께 가야 한다. 이 글을 읽는 당신은 팀장이 아닐 수 있다. 그러나 단 한 명의 후배에게도 당신은 리더다. 리더가 되려면 어떤 노력을 기울여야 하는지에 대해 한번쯤 고민해보는 기회를 제공한다면, 이 장의 이야기는 제 역할을 다했다고 할 것이다.

능력과 역량 사이, 지식과 지혜 사이

리더는 능력과 역량, 지식과 지혜의 차이를 알아야 한다. 능력이란 업무를 잘 수행하기 위해 갖춰야 할 자격 요건인 학력과 직무 경력, 경험, 지식, 기술 등을 말한다. 과거에는 이런 능력만 있어도 성과를 내는 데 별 지장이 없었다. 실제로 예전에는 인사담당자들이 구성원을 채용할 때 대부분 자격증과 외국어 성적처럼 눈에 보이는 능력을 기준으로 판단했다. 하지만 오늘날처럼 급격하게 변하는 경영 환경에서는 능력을 기본으로 하고 '역량'을 갖춘 구성원이 더욱 도움이 된다. 역량은 자신이 가지고 있는 능력을 곧바로 행동으로 옮겨서 성과로 연결시킬 수 있는 힘을 가리킨다. 달리 표현하면, 역량은 성과에 결정적인 영향을 미치는 차별화된 전략을 지속적으로 실행하는 힘이라고 할 수 있다.

지식과 지혜는 어떻게 다른가? 지식은 어떤 대상에 대해 배우거나 실천을 통해 알게 된 명확한 인식이나 이해를 뜻한다. 지혜는 사물의 이치를 빨리 깨닫고 사물을 정확하게 처리하는 정신적인 능력을 뜻한다. 지식은 명시지明示知에 가깝고, 지혜는 암묵지暗默知의 특성을 지닌다. 지식은 시간을 투입하면 대개 누구나 습득할 수 있지만, 지혜는 깊이 생각하고 치열하게 궁리하는 일부만 터득할 수 있다.

지혜를 갖추는 사람은 경영 환경은 물론이고 사업 전체를 이해하려고 노력한다. 담당 분야뿐 아니라 관련된 부분까지 끊임없이 고민하고 연결하려고 한다. 이것이 융·복합이다. 융·복합은 연결에서 나온다. 지혜를 추구하는 사람은 또 책이나 교습 외에 직접 경험으로부터도 배운다. 즉 상사나 동료의 장점을 벤치마킹하면서 자신의 단점을 보완한다. 지혜로운 사람은 또 개인으로서가 아니라 조직의 일원으로서 일한다. 예를 들어 어떤 문제가 발생할 경우 그 문제를 공유하고 함께 해결하는 방안을 모색한다.

리더십은 진정성이 있을 때 진가와 힘을 발휘한다. 진정성은 말보다는 행동에서 나온다. 리더가 말로는 원가와 경비를 절감하자고 부르짖지만 행동으로는 보여주지 않는다고 하자. 행동이 뒷받침되지 않는, 진심이 담기지 않은 메시지는 전파되지 않는다. 리더는 말보다 행동으로 먼저 보여줘야 한다. 나는 조직을 이끌 때도, 아이들을 키울 때도 먼저 행동으로 보여주려고 노력했다. 매번 빈 사무실의 불을 껐고, 이면지를 활용해 출력했다. 검약하는 습관은 아이들에게도 자연스럽게 전해졌다.

주인으로 일하게 하는 권한 이양
—

수처작주. 업무와 인생에서 내가 좌우명 삼아온 말이다. 흔히들 하는 '주인의식을 가지라'는 말과 뜻이 같다. 나는 수처작주하며 일한다. 그런데 나와 함께 일하는 구성원 중 일부는 내가 시켜야만 일을 한다. 그런 직원들이 열심히 일하도록 하려면 그들의 일을 단계마다 속속들이 챙기며 관리해야 할까? 그렇게 관여한다면 그들도 힘들지만 나도 힘들다. 구성원들이 주인의식을 갖고 일하게끔 하려면 그들이 일의 주체가 되도록 해야 한다. 자기 일을 받아야만 자기 역량을 100% 발휘할 영역을 갖게 되는 법이다. 업무를 명확하게 구분해 구성원들에게 할당해야 한다. 이게 바로 권한 위임empowerment이다.

구성원들에게 일을 배정할 때 고려할 중요한 사항이 있다. 각자에게 적합한 일을 부여해야 한다는 것이다. 적재적소라는 말이 있는데, 일도 사람에 따라서 배정해야 한다. 가급적 그 사람이 잘할 수 있는 일, 그 사람의 강점에 어울리는 일을 맡기라는 말이다. 사람은 자신이 타고난 재능을 발휘하면서 칭찬받기를 원한다. 이는 회사 전체의 인적자원 관리 측면에서도 고려할 사항이다.

구성원들이 주인의식을 갖게 하려면 권한 위임이 중요하지만, 권한 위임으로 끝내서는 안 된다. 필요한 경우 적절히 개입involvement해야 한다. 개입은 일의 진척을 점검하면서 구성원이 업무를 더욱 잘할 수 있도록 이끌어주는 활동이다.

이때 구성원에게 업무를 지시하는 방식은 각 구성원의 특성을 반영해 선택해야 한다. 구성원의 특성은 세 가지로 구분할 수 있다. 첫째는 그에게 주는 업무에 대해 아주 자세하게 설명해야 하는 구성원이다. 둘째는 적당히 지시해도 되는 구성원이다. 셋째는 지시만 하면 되는 구성원이다. 특히 첫째 유형의 부하 사원은 지시를 100% 이해하지 못해도 부끄럽거나 쑥스러워서, 또는 그것도 모르냐는 핀잔을 들을까봐 물어보지 못하는 경우가 많다. 따라서 리더가 그들에게 지시할 때에는 지시가 온전히 전달되도록 하기 위해 노력해야 한다. 지시가 전달되지 못한 결과는 부하의 책임이 아니라 상사의 책임임을 명심해야 한다.

관여 또한 부서 사원의 역량에 따라 빈도와 방식을 맞춰서 실행해야 한다. 지시는 명확히 파악하지만 역량이 아직 갖춰지지 않은 직원도 있다. 또 업무를 상세히 지시할 필요가 있고 진행 상황에 대해서 챙겨볼 필요도 있는 직원도 있다. 그런 직원과 업무는 자주 만나 들여다보면서 리더로서 도움을 줘야 한다.

리더가 부하 직원을 돕는 방법은 티칭보다는 코칭을 권한다. 티칭은 자신의 지식과 기술을 상대방에게 주입하는 활동인 반면, 코칭은 상대방이 지닌 역량을 끄집어내는 활동이다.

왜, 무엇을, 어떻게 해야 하는가?

CEO 리더십의 요체는 가치관 경영이다. CEO는 가치관 경영을 해야 한다. 자신이 중요하게 생각하는 것을 모든 구성원이 중요하게 생각하도록 만들어야 한다. 동일한 가치관을 공유하고 실천하는 회사와 서로 겉도는 회사의 실행력은 크게 차이가 난다.

그렇다면 CEO가 제시해야 하는 가치관은 무엇인가? 사람의 가치관과 다르지 않다. 사람의 가치관은 '왜?', '무엇?', '어떻게?'로 나눠서 생각할 수 있다. 인간의 가치관은 "왜 사는가?"와 "무엇이 될 것인가?", "어떻게 살 것인가?"에 대한 대답이다. 회사의 가치관은 "왜 존재하는가?(미션)"와 "무엇이 될 것인가?(비전)", "어떻게 사업을 할 것인가?(핵심 가치)"에 대한 대답이다.

미션은 대개 회사의 경영이념에서 제시된다. LG그룹의 경영이념은 '고객을 위한 가치창조'와 '인간존중의 경영'이다. 비전은 경영이념, 즉 미션 아래 자신이 경영하는 회사가 가야 할 방향이나 목적이다. LG이노텍의 경우 과거 글로벌 전자부품소재회사가 된다는 비전을 추구했고, 실현해냈다. 핵심 가치는 비전을 실현하기 위한 개별 과제를 가리킨다. CEO가 당면하는 개별 과제는 기존 현안인 경우도 있고, 변화의 흐름을 반영해 CEO가 선정한 과제인 경우도 있다. '무엇'이 정해졌더라도 '어떻게'가 관건인 경우가 있다. 해야 할 일은 도출했는데 그 일을 해내는 방법이 열려 있는 경우다.

소통과 경청은 실행을 위한 과정이다

무엇을 어떻게 할지 의사결정을 내리는 데에는 리더의 지혜가 필요하다. 기존 지식을 넘어선 지혜는 기존 지식의 연결에서 오기도 한다. 그래서 리더는 시간을 쪼개 신문과 잡지, 책을 읽으면서 새로운 사실과 지식, 아이디어에 자신을 노출시켜야 한다.

리더 중에서도 변화를 주도하거나 선도하는 리더가 최고라고 할 수 있다. 스마트폰 시대를 연 스티브 잡스 같은 인물이다. 이런 리더들에게는 미래의 변화가 적응해야 할 대상이 아니라 만들어가야 할 대상이다. 변화를 만들어내는 리더가 되기란 매우 어려운 일이니, 첫손에 꼽을 만하다.

변화의 조짐을 먼저 파악하고 선제적으로 대응하는 리더도 훌륭하다. 아무리 출중하고 노력하는 리더라도 모든 업무에 통달하기란 불가능하다. 그래서 리더는 잘 들어야 한다. 집중해서 잘 듣는 사람이 뛰어난 리더가 될 수 있다. 혼자서 전력투구하며 앞장서서 조직을 이끌고 가는 리더는 현장의 목소리와 아이디어도 듣고 선택해 업무에 반영하는 리더를 따라갈 수 없다.

당연히 청취는 빠른 의사결정과 실행이 전제되어야 한다. 업무와 조직 운영에 대한 구성원들의 생각을 듣기만 한다고 하자. 반영이라는 메아리가 없는 발언은 반복되지 않는다. 구성원들은 점차 목소리를 내지 않게 된다. 건의나 불만을 듣고 동의하고서도 결정을 미루면 비슷한 상황으로 귀결된다.

소통에는 실행과 무관한 종류도 있다. 서로를 알아가는 소통이다. 직원들이 방진복을 입고 근무하는 현장에서 경영자로 일하게 되었을 때, 내가 소통을 위해 먼저 한 일은 방진복을 벗은 그들과 만나는 것이었다. 방진복을 입은 채 눈만 봐서는 누가 누구인지 구분되지 않는다. 해장국 미팅을 통해 얼굴을 익히고 이름을 외운 다음에는 방진복 차림을 봐도 누군지 알아보고 이름을 부를 수 있게 되었다. 누가 누구인지, 그는 어떤 사람인지, 개인을 이해한 상태가 기본이 되어야 그 위에 업무적인 소통도 원활하게 이루어진다.

CEO와 구성원들 사이의 소통은 중간에 조율되지 않아야 한다. 처음에 구성원들과의 오픈 커뮤니케이션 행사를 할 때는 질문자와 유형에 따라 질문이 분류되어 있었다. 그래서 다음부터는 무기명으로 작성한 질문을 아무런 여과나 편집도 거치지 않고 그대로 내가 받도록 했다. 그러자 현장과 구성원들의 목소리를 직접 접하고 그에 대한 내 생각과 내가 알고 있는 바를 가감 없이 공유할 수 있었다.

CEO는 해야 할 일도 많지만, 하지 말아야 할 일도 여럿이다. 오래전 읽은 『CEO가 빠지기 쉬운 5가지 유혹』●은 다섯 가지를 경계하라고 한다. 첫째, 회사의 실적보다 직위를 유지하고 싶은 유혹이다. 둘째, 명확히 책임을 묻기보다 인기를 얻고 싶은 유혹이다. 셋째, 확신이 설 때까지 결정을 미루고 싶은 유혹이며, 넷째는 생산적 의견충돌보다 조화를 선택하고 싶은 유혹이다. 다섯째는 직원들의 반론 제기를 허용하고 싶지 않은 유혹이다. 나는 이들 유혹의 리스트에 빠지지 않았는지, 자주 경계하며 되새겼다.

●패트릭 렌시오니 지음, 송경모 옮김, 2007, 위즈덤하우스.

리더를 돕는 팔로어,
팔로어를 키우는 리더

　내가 함께 일하기를 꺼리는 구성원의 유형은 네 가지다. 행동보다 말이 앞서는 사람, 대안도 없이 시도해보지도 않은 채 무조건 안 된다고 하는 사람, 조직보다 자신을 더 챙기는 사람, 그리고 뒷담화로 조직의 갈등을 조장하는 사람이다.

　이 유형 분류에는 두 가지 기준이 적용되었다고 생각할 수 있다. 첫째가 실행이다. 회사는 일하는 조직이다. 시행착오를 거치더라도 시도하는 조직과 현재에 안주하는 조직의 격차는 점차 벌어진다. 실행보다 말이 앞서는 유형의 구성원과 반대하는 유형의 구성원은 업무 추진에 도움이 되지 않거나 심지어 장애가 되기 일쑤다.

둘째는 조직력이다. 조직은 구성원들이 목표에 동의하고 목표 달성에 적극적으로 참여할 때 놀라운 힘을 발휘한다. 그 힘은 구성원 각각의 노력을 합한 결과를 능가한다. '전체가 부분의 합보다 커지는' 경우다.

그러나 이런 조직 응집력을 더하기보다 저해하는 구성원들이 있다. 집단보다 개인을 우선시하는 이기적인 유형이다. 또 그런 유형 못지않게 조직에 해악을 가져오는 것이 구성원들이 뒷담화를 일삼는 유형이다. 뒷담화는 뒷담화를 낳는다. 사소한 일이 큰 오해와 갈등으로 확산될 수 있다. 그렇게 되면 조직 구성원들 사이에 신뢰가 깨지고, 신뢰하지 못하는 구성원들로 이뤄진 조직은 단합된 힘을 발휘하지 못한다.

리더의 파트너, 팔로어

내가 리더로서 함께 일하고 싶은 유형은 '팔로어'다. 팔로어는 '리더의 지시를 따르고 그를 도와 조직의 긍정적인 발전을 도모하는 구성원'을 가리킨다. 팔로어가 공통적으로 가지고 있는 성향이나 사고방식, 행동방식을 일러 팔로어십이라고 부른다.

책 『팔로어십, 리더를 만드는 힘』*에 따르면 팔로어십의 공통 요소는 리더에 대한 파트너십, 스스로의 동기 부여, 직무수행 역량, 유머 감각, 신뢰성, 긍정적인 업무 관계, 직언, 바른 태도 등 8가지이다. 이들 요건 중 유머까지 갖춘 팔로어는 극히 드물다. 유머를 제외하면 동기 부여와 역량, 신뢰성, 업무 관계, 바른 태도는 대부분 회사에서 직장인에게 요구하는 요소들이다.

이들 가운데 우리가 주목할 두 가지가 리더에 대한 파트너십과 직언이다. 팔로어가 되려면 부하라기보다는 리더의 파트너처럼 생각하고 행동해야 한다. 파트너로서 팔로어는 리더의 지시에 따르기만 하지 않고 리더의 부족한 부분을 보완하면서 때로는 적절한 대안을 내놓아야 한다. 이런 팔로어가 되라는 말은 '한 단계 높은 자리에 있다고 생각하고 고민하고 결정하고 행동하라'는 조언과 동일하다. 사원이라면 과장이나 부장, 임원이면 최고경영자의 입장에 자주 서보라는 조언이다. 그렇게 업무에 임하면 상사에게 파트너처럼 도움을 줄 수 있다.

직언도 파트너십에서 나온다. 파트너십을 지닌 팔로어는 리더의 말에 무조건 따르기보다는 더 나은 대안을 모색하며 리더에게 직언한다. 파트너십과 직언의 철학은 내 좌우명인 수처작주와 일맥상통한다. 수처작주하는 구성원은 리더의 지시를 맹목적으로 수행하

●신인철, 2006, 한스미디어.

는 대신 때로는 자신이 주체로서 더 잘할 수 있는 방안을 생각해내고 그 방안을 리더에게 개진해서 실행한다는 측면에서다.

직언에 필요한 것은 용기만이 아니다. 말을 꺼내는 데에는 용기가 필요하지만, 직언을 관철하는 데에는 전제 조건이 있으니, 그 전제 조건을 갖추려면 평소의 바탕이 필요하다. 그 바탕은 리더와 수시로 대화하는 데서 형성되고 축적된다. 팔로어가 되려면 먼저 리더에게 다가가 대화하기를 주저하지 말아야 한다. 리더는 누구나 외롭고, 그래서 자신에게 다가오는 구성원을 반기기 마련이다.

리더의 힘은 팔로어에게서 나온다

리더라면 구성원 중에서 자신의 팔로어를 늘려야 한다. 리더가 아무리 출중하다 해도 혼자서는 장군이 될 수 없는 법이다. 팔로어가 많을수록 리더가 조직을 더욱 성공적으로 이끌어 더 큰 성과를 낼 수 있다. 이와 관련해 카네기멜론스쿨의 로버트 켈리 교수는 저서 『팔로어십의 힘』*에서 다음과 같은 분석을 제시했다.

"조직의 성공에 리더가 기여하는 정도는 많아야 20%이고, 나머

● Robert E. Kelley, 1992, 《The Power of Followership》, 〈Doubleday Business〉.

지 80%는 팔로어들의 기여로 볼 수 있다."

　사회나 회사나 꼭 필요한 역할을 잘 수행하는 구성원의 비율은 낮다. 회사 구성원은 팔로어와 추종자, 비추종자로 구분된다. 비추종자 중에는 앞에서 예로 든 네 가지 유형에 속하는 사람이 많다.

　리더가 성공하려면 소수의 팔로어를 적재적소에 중용하는 가운데 추종자를 팔로어로 육성해야 한다. 그렇다면 추종자를 어떻게 팔로어로 변신시킬 수 있을까? 우선 리더 스스로 솔선수범하고 헌신하는 모범을 보여야 한다. 구성원들은 리더의 말을 듣는 게 아니라 리더의 행동을 본다. 리더가 술을 좋아하면 술자리가 활발해진다. 리더가 일을 우선시하면 구성원들이 일 중심으로 움직인다.

　다음으로 추종자에게 과제를 세분해서 제시하고 맡긴 뒤, 성취에 대해 보상해야 한다. 일은 구체적으로 시키고, 필요한 때에만 관여해야 한다. 그래야 추종자가 자발성을 발휘한다.

　보상 측면에서 리더 자리에 있는 사람들이 저지르는 잘못이 있다. 일이 잘되었을 때 이를 자신의 업적으로 내세우는 짓이다. 리더라면 공功은 구성원에게 돌리고 과過는 자신이 져야 한다. 그래야 보상과 동기 부여의 선순환이 이뤄지면서 상승효과가 나온다. 과제와 보상은 동기 부여로 이어지고, 수동성은 점차 능동성으로 바뀐다. 추종자가 능동적으로 변한 이후에는 전보다 더 도전적인 과제를 그와 함께 설정하고 추진해나갈 수 있다. 능동적인 추종자는 점점 팔로어로 변모해간다.

팔로어에게도 추종자에게도 리더는 귀를 열어놓아야 한다. 그래야 그들이 사업의 파트너로서 아이디어를 내놓는다. 리더가 들으면 구성원들은 점점 더 생각하고 궁리하게 마련이다. 물론 청취 다음에는 취사선택과 실행이 뒤따라야 한다.

변신은 힘든 과정이다. 자신을 바꾸려 하는 리더를 구성원들은 당연히 어려워한다. 그러나 회사생활에서 고마운 리더는 힘들게 하더라도 자신을 성장시킨 리더다. 함께 어울리며 밥 사고 술 산 리더는 그때뿐이고, 나중에는 기억나지도 않는다.

당신은 리더인가? 그렇다면 더 많은 팔로어를 만들기 위해 노력하라. 당신이 아직 리더가 아니라면 팔로어가 되기 위해 노력하라. 팔로어는 잠재적 리더 후보군이다. 현재 리더를 따르면서 리더를 돕고 리더를 보완하는 팔로어는 장차 리더의 자리에 오른다.

> LG의 혁신

LG의 사업가 육성

    LG는 사업가CEO, 사업본부장, 사업부장를 체계적으로 육성하기 위해 장기적 관점에서 후보자를 선정하고 사업가로서 필요한 자질을 갖추도록 지원한다.

    우선 사업가로서 조직을 리딩하기 위해 필요한 리더십과 역량을 진단하고 강점과 보완점을 피드백한 후 직무경험 확대, 멘토링, 리더십 코칭, 각종 교육 등을 지원하여 사업가로서 준비도를 높이도록 한다.

    LG는 사업가 후보 육성 과정의 전前 단계에서부터 경영자 후보로 육성할 대상 자들을 관리한다. 이에 대해 내 사례를 들어 설명하는 편이 구체적이겠다. 나는 1988년 LG전자 레코딩미디어사업부 청주 공장의 생산기술과 과장으로 배치된 이후 1995년까지 연구소, 신소재사업실, 생산기술실, 생산지원실, 제조실 등 생산 부서에서 근무했다. 부장으로 승진한 것은 생산기술실에서다. 그러다 1996년 기획관리팀장으로 발령받았다. 기획관리팀장의 주요 업무는 재무와 생산관리다. 이 인사를 통해 회사가 나를 생산뿐 아니라 더 넓은 영역에서 쓰려고 한다는 사실을 알게 되었다. 내 사례에서처럼 경영자 후보로 키울 대상자에 대해 LG는 더 폭넓은 업무 경험과 지식을 쌓도록 한다. 경영자 후보로 육성하는 과정으로 나는 '경영성 인재육성과정'도 한 달간 이수했다. 1997년 생산실장일 때였다.

내가 회사에서 받은 '혜택'이자 경영자 후보로 키우겠다는 강한 '신호'가 있었다. 바로 해외 유학이었다. 앞서 잠깐 소개했듯 나는 2001년 4월부터 2002년 9월까지 IMPM 과정을 이수하고 경영학 석사 학위를 받았다. 사업부장으로서 레코딩미디어사업부에서 올린 경영 성과를 인정받았고, 매각 파동 때 회사와 구성원 사이에서 적절한 역할을 수행한 점을 평가받아 이 과정의 입교자로 선정되었다. 당시 LG그룹 전체에서 해외 경영대학원에 유학을 보내는 세 명 중 한 명이 된 것이었다. 대상자는 LG전자에서 한 명, LG화학에서 한 명, LG칼텍스현 GS칼텍스에서 한 명이 선정되었다.

다음으로는 내가 LG이노텍 부품사업본부장 재임 시 피드백 받은 리더십/역량 진단과 육성 제언 부분을 그대로 소개한다.

LG 웨이 리더십/역량

- 목표에 대한 실행력이 강함. 주도면밀하고 치밀하며 본인이 주도적으로 일을 처리해나가는 스타일임. 한번 약속한 것은 반드시 지키는 책임감을 보유함.
- 의사결정이 신속하며 업무 적응력이 빨라 새로운 일도 단시간에 파악하여 실행해가는 추진력이 우수함.
- 너무 강하다는 인상을 주고 있으며 주변의 의견을 무시하고 독선적으로 일을 처리하는 면이 있다는 평을 듣고 있음.
- 변화하는 모습을 보여주고 있다고는 하나 LG이노텍에서는 상당히 생소한 리더십으로 느끼고 있어, 더욱 변화된 모습을 보여줄 필요가 있음.
- 생산과 R&D 전문이나 마케팅과 사업을 보는 시각도 많이 향상되고 있음.

육성 제언

- 수년간 부품 분야 경험을 가지고 LG전자에서 근무하던 중 금년에 처음 부품 사업에 투입되었으며 여기에서 마케팅력과

글로벌 마인드를 키워갈 것으로 판단됨.

- 강한 실행력과 추진력으로 사업을 잘 리드해나갈 것으로 보이나, 자신이 맡은 분야를 넘어 좀 더 폭넓게 생각하는 사고의 확대 노력과 부하와 주변의 의견을 듣고 배려하는 자율 창의를 촉진하는 리더십 배양이 요구됨.

사업가 후보에 대한 피드백이 진행된 이후에는 사업가 후보가 함양해야 할 역량을 갖추기 위한 리더십 코칭이나 교육과정을 이수하도록 지원한다. 내 경우는 '부하와 주변의 의견을 듣고 배려하는 자율 창의를 촉진하는 리더십 배양이 요구됨'이라는 육성 제언에 따라 코치 과정을 추천받았다. 그렇게 2011년 7월 LG이노텍 부품소재사업본부장 때 한국코칭센터에서 일주일간 코치 교육을 받았다. 이 교육과정은 이후 내가 함께 일하는 사람들을 대하는 방식을 바꾸는 데 커다란 계기가 됐다.

누가 LG의
리더가 되는가

LG는 리더십 스타일을 넷으로 구분한다. '사람' 중심, '일' 중심, '관리' 중심, '변화' 중심이다. '사람' 중심은 배려와 포용력이 있는 덕장형이고 '일' 중심은 주도적이고 추진력이 강한 용장형이다. '관리' 중심 리더는 '철저한 데이터 분석이나 주도면밀한 준비를 통한 리스크 관리 강조'로 설명된다. '변화' 중심 리더는 '불확실하거나 위험이 있는 상황에서도 기회 포착을 위한 위험 감행 risk taking 강조'라고 설명된다.

어느 리더십 스타일이 더 나은가? 스타일에는 우열이 없다. 조직이 처한 상황에 따라 필요한 리더십 스타일이 다르기 때문이다.

LG의 리더십 평가 영역 —고객가치, 인간존중, 정도경영
—

이제 LG의 리더십 평가 영역인 '고객가치'와 '인간존중', '정도경영' 각각의 내용을 살펴보자.

'고객을 위한 가치 창조' 항목은 구성원들이 의미 있는 고객가치가 무엇이고 어떻게 창출할 수 있는지를 알고 행했는지를 묻는다. '인간존중' 항목은 구성원들이 자신의 창의력과 주도성을 발휘함으로써 잠재력을 실현할 수 있는 환경이 되도록 조직을 운영하는지를 살핀다. '정도경영' 항목은 떳떳한 운영과 공정한 경쟁에 대해서는 타협하지 않고 실천하는지를 평가한다.

각 영역의 판단 기준에 대해 궁금해할 독자들이 많을 것이다. 우선 각 영역에 대해 리더의 역량을 판단하는 기준의 키워드를 살펴보자.

고객을 위한 가치 창조를 평가하는 요소는 핵심 고객가치, 구체적인 아이디어와 실행 과제, 각자의 역할 등이고, 고객가치의 판단 기준은 두 가지다. 첫째, 조직의 리더들이 시장을 선도해나갈 수 있는 구체적인 아이디어를 가지고 있으며, 구성원들은 이 아이디어를 실행하는 데 있어 각자의 역할을 잘 알고 수행하고 있느냐는 것이다. 둘째, 조직 내 리더들이 함께 참여하여 핵심 고객가치를 정의하고, 고객가치를 높이기 위한 구체적인 실행 과제들을 명확히 공유하고 있는지를 살핀다.

인간존중의 경영은 존중과 격려, 주도성과 실험 정신 발휘 환경 조성, 성과에 대한 보상, 다양성 존중 등을 점검한다. 인간존중의 판단 기준은 네 가지이다. 첫째는 조직 전반에 걸쳐 개개인이 자율을 바탕으로 최대한의 창의성을 발휘할 수 있도록 존중되고 격려되어야 한다는 것이다. 둘째는 리더가 분명한 방향과 범위를 정해 주고, 그 속에서 구성원 개개인이 주도성과 실험 정신을 발휘할 수 있는 환경을 조성했는지를 묻는다. 셋째는 모든 구성원이 조직이 자신들에게 기대하는 바가 무엇인지를 잘 알고 있고, 어떤 일을 어떻게 해야 하는지 느끼며, 성과에 대한 보상은 자연스럽게 따라온다고 알고 있는지를 본다. 마지막으로 어떤 상황에서도 구성원들의 인격과 다양성에 대한 존중이 지켜지는지를 평가한다.

'정도경영'의 판단 기준은 두 가지로, 첫째는 구성원들은 리더들이 규범의 예외를 인정하거나 왜곡하지 않는다는 신념을 가졌는지를 판단한다. 둘째는 구성원들은 반윤리적인 행위는 결코 용인되지 않는다는 신념을 가졌는지를 본다.

판단 기준보다 더 구체적인 것이 역량과 그에 대한 평가 문항이다. 각 영역의 역량과 평가 문항은 다음과 같다. 앞서 전한 판단 기준과 다음의 평가 문항은 LG뿐 아니라 회사에서 일하는 직장인이라면 누구나 늘 염두에 두어야 할 자평 기준이나 자문 문항으로 삼아도 좋을 것이다.

고객을 위한 가치 창조

역량	평가문항
꿈·비전	▶ 담당 분야의 최고가 되겠다는 꿈과 비전 보유 ▶ 남보다 앞서 새로운 분야를 개척 ▶ 구성원의 열정을 불러일으키는 비전과 목표 제시 ▶ 고객 최우선, 고객 관점의 판단과 행동
통찰력	▶ 고객 니즈, 환경 변화의 발 빠른 포착과 신속한 대응 ▶ 상황의 핵심을 꿰뚫고, 실무진이 놓친 부분을 짚어 줄 수 있는 시각
추진력	▶ 실무진의 제안, 의사결정 사항에 대한 신속 정확한 판단 ▶ 포기하지 않는 집념과 끈기
미래 준비	▶ 단기를 넘어 중장기적 관점을 아우르는 단계적 실행

정도 경영

역량	평가문항
윤리의식	▶ 회사의 원칙과 기준에 대한 존중과 성실한 이행 ▶ 고객 불만 사항, 업무 현황 등의 정직한 보고 ▶ 거래 관계에서 공평한 기회 제공, 공정한 대우 ▶ 규율과 정도를 어긋나는 행위에 대한 단호한 대처 ▶ 부당한 방법, 편법을 동원하지 않는 정정당당한 승부 ▶ 개인적 이해보다 구성원과 조직의 성공을 앞세우는 태도

인간존중의 경영

역량	평가문항
인격·다양성 존중	▶ 구성원 개개인에 대한 인격적 대우 ▶ 자신의 스타일을 강요하지 않고 개개인의 개성과 다양성을 존중
창의·자율 중시	▶ 전략 방향이나 원칙 안에서 구성원들의 창의성과 주도성 보장
인재 육성	▶ 사람을 키우겠다는 목표로 실력 있는 인재 육성 ▶ 개개인의 잠재력을 개발·발휘할 기회 제공 및 배려
성과주의	▶ 개개인의 능력과 성과에 따른 공정한 평가와 보상 ▶ 결과뿐만 아니라 과정과 함께 성과의 질을 종합적으로 고려한 평가
커뮤니케이션	▶ 타인의 의견과 제안을 경청하고 존중하는 태도 ▶ 구성원들이 소신껏 의견을 표출할 분위기 조성 ▶ 구성원들에게 자기 생각을 명쾌하게 전달하는 소통 능력
팀워크/협력	▶ 자기 부문을 넘어 전체의 이익을 고려, 고통 분담에도 협력 (*본인 평가는 없는 문항임)

누가 LG의
인재가 되는가

 나는 1983년 LG그룹 공채를 거쳐 입사했다. 당시는 한국 경제가 고도성장의 발판을 딛고 팽창을 시작한 시점이라 기업의 인재 수요가 넘쳐났다. 그룹 전체로 몇 명이 같이 입사했는지는 기억이 나지 않지만, 처음 배치된 반도상사에만도 동기가 40여 명이나 있었다. 나처럼 대학의 이공계 학과를 나온 이들에게 취직은 단지 어디를 갈 것인가 하는 선택의 문제였다. 요즘 청년들이 직장을 잡기 위해 힘든 과정을 겪는 모습을 보면, 앞선 세대의 한 사람으로 안쓰러운 마음이 크다.

공채와 수시 채용

—

LG는 내가 퇴직한 이후인 2020년에 그룹 차원의 공채를 폐지했다. 대신 계열사별로 연중 상시 필요 인원을 충원하는 수시 채용으로 방식을 바꿨다. 빛의 속도로 변하는 경영 환경과 기술 발전에 대응하기 위한 인재 확보 방법으로 공채가 더 이상 유효하지 않다는 판단에 따른 것이다.

공채는 일반적으로 '서류 심사-인적성 검사-면접'으로 이어지는 전형과정을 거쳐 합격한 인원을 전공 등을 감안하여 각 부서에 배치하는 채용 방식이다. 연 1회 또는 2회로 진행되는데, 필요한 인력 규모를 사전에 예상해서 정해진 시점에 채용하기 때문에 기업 입장에서는 짧은 시간에 대규모의 인원을 채용할 수 있다는 큰 장점이 있다. 입사자 입장에서의 이점도 적지 않다. 각 단계에 그룹이 제공하는 적절한 교육을 받으며 성장할 수 있고, 내 능력과 위치가 어느 정도에 있는지를 입사 동기들과 비교하여 확인하기도 한다. 같은 절차를 거쳐 한솥밥을 먹는 사이가 됐기 때문에 동료에 대한 신뢰도 크다. 그룹 내 여러 계열사에서 다양한 사업을 경험하며 전문성과 함께 시야를 키울 수 있다는 점 역시 공채의 장점으로 꼽을 만하다.

수시 채용은 가속화되어가는 사업 환경 변화에 맞추어 발 빠르게 대응하고자 하는 필요에 의해 대두되었다. 지금은 LG를 비롯해 국내 10대 그룹 절반 이상이 공채를 폐지하고 수시 채용으로 전환했다. 수시채용의 장점은 사업 분야에서 필요로 하는 인력을 빠른 시간 안에 수급할 수 있다는 점이다. 공채로 채용한 인력이 각 부서에서 쓸 만한 인재가 되기까지 3~5년 정도가 걸리는 것에 비해 수시 채용은 즉시 전력을 뽑아 투입하므로 시간과 비용이 훨씬 절감된다. 수시 채용에서는 직무 중심의 평가가 이루어지므로 경력직의 경우에는 전문성과 역량, 신입의 경우에는 해당 분야에 관한 관심과 이해도가 평가에서 중요한 척도가 된다. LG는 신입사원의 70% 이상을 채용연계형 인턴십으로 선발해 4주간 함께 근무하며 직무 적합도를 평가하고 있다. 최근에는 사업을 다각화하며 신사업으로 영역을 넓힐 때, 혁신을 통해 기업의 체질을 변화시키고자 할 때 임원급 인사들을 외부에서 영입하는 경우도 흔해졌다.

채용 방식은 사실 공채든 수시 채용이든 정답은 없다. 기업이 처한 환경의 요구에 맞춰 인재를 선발하고 적재적소에 배치해야 하는 채용의 목적에 충실할 수 있다면 그것이 답이다. 공채 제도가 폐지됐다고 해서 장점 없는 제도라는 얘기도 아니다. 다만 시대의 사명을 다했을 뿐이다. 지금의 수시 채용 역시 한계가 명확히 드러난다면 그때는 또 다른 방식의 채용이 시행될 것이다. 그러니 LG에서 일하고자 한다면 공채냐 수시 채용이냐가 아니라 "LG는 과연 어떤 인재를 뽑는가?"라는 조금 더 본질적인 질문에 다가서야 한다.

면접자의 태도가 당락을 결정한다
—

아마 다른 그룹사나 기업도 비슷할 텐데, CEO는 핵심 임원 영입 등과 같은 특별한 경우가 아니면 면접에 참여하지 않는다. 내가 공채 신입사원 면접관으로 참여한 것은 사업부장 시절이었다. 내 부서에서 같이 일할 사람을, 말 그대로 '미래의 인재'를 뽑는 일이기 때문에 여간 신경 쓰이는 일이 아니었다.

면접의 방식은 여러 면접관이 여러 명의 후보자를 동시에 면접하는 다 대 다 인터뷰 형식이었다. 서류 심사를 통과해 면접에 참여한 사람들은 대부분 일정한 수준 이상이었다. 요즘은 부정 개입의 여지를 막기 위해 면접이 진행되면 즉시 점수를 전산으로 입력하지만, 내가 면접관을 참여했던 당시는 면접 종료 후 면접관끼리 참여자들에 대한 평가를 다시 나누는 일이 흔했다.

이때 회사가 후보를 살피라고 제공한 채점 영역과 별개로 면접관들이 가장 자주 언급하는 얘기는 '태도'였다. A와 B가 같은 능력치를 가지고 있다고 전제한다면, 좀 더 적극적이면서도 겸손한 사람에게 높은 점수를 주는 것이다. 면접관이 점쟁이도 아닌데 짧은 시간 안에 무슨 수로 그가 어떤 사람인지를 속속들이 알겠는가. 그러나 몸에 밴 태도는 반드시 면접 중에 겉으로 드러난다.

거짓말을 하는 경우도 마찬가지다. 자기소개서에 적힌 내용은 반드시 면접관이 실상과 다르지 않은지 확인하는 과정을 거친다. 면접관이 검증할 수 없을 것이라는 기대는 하지 않는 것이 좋다. 그들은 그때껏 수많은 이들을 상대해온 베테랑이다. 자기소개서에 적힌 어떤 항목에 관하여 그와 관계된 다른 사람들, 그들의 반응, 진행 과정에서 있었던 이슈, 그 해결 과정 등을 심층적이고 다면적으로 질문해 들어간다. 면접자가 진실을 말하는지 아니면 말을 지어내는 것인지는 면접관의 눈에 즉시 들어온다. 결국 중요한 것은 '진정성'이다. 과장과 꾸밈이 없는 솔직하고 담백한 모습, 적극성과 겸손할 줄 아는 태도를 높이 평가했다.

미래의 LG 인재상

—

내가 경험한 LG의 조직 문화는 순혈주의를 지향했다. 공채를 거쳐 같은 배지를 단 구성원들이 그 소속감을 자양분 삼아 강한 결집력과 추진력을 발휘하며 성과를 이뤄냈다. 그러나 사업 분야가 다양화되고 전문성을 요구하는 환경으로 변화함에 따라 순혈주의는 힘을 잃었다. 공채 출신이 아니면 임원급 이상으로 성장하기가 쉽지 않던 조직 문화는 이미 폐기됐다. 실제 최근 몇 년간 이뤄진 LG의 인사 내용을 살펴보면 이 같은 흐름은 명확히 드러난다. 새로 진입해야 하는 사업을 아는 전문가가 내부에 없다면 외부에서 찾는 것이 당연하다. 지금은 이런 상황이 더 빈번하고 연속적으로 벌어지고 있다.

채용 방식의 변화에도 불구하고 바뀌지 않는 것이 있다. 바로 LG 맨이라면 누구에게나 요구되는 기본 덕목 혹은 자세가 바로 그것이다. 이는 크게 네 가지로 구분된다. 꿈과 열정을 가지고 세계 최고에 도전하려는 사람, 고객을 최우선으로 생각하고 끊임없이 혁신하려는 사람, 팀워크를 이루며 자율적이면서 창의적으로 일하는 사람, 꾸준히 실력을 배양하여 정정당당하게 경쟁하는 사람이 그것이다. 요구사항 하나하나가 리더십 평가 영역인 고객가치, 인간 존중, 정도 경영 항목과 맥을 같이 한다. LG가 아니라도 기업이라면 이런 조건을 갖춘 인재라면 뽑지 않을 이유가 없다. 이 점에서 LG의 인재상은 매우 특별하면서도 전혀 특별하지 않다고 할 수 있다.

LG의 혁신

조용한 혁명, 순혈주의를 타파하다

　LG는 지금 대격변을 맞이하고 있다. 대표적인 예가 스마트폰 사업의 종료다. 2021년 4월부로 모바일커뮤니케이션^{MC} 사업을 종료함에 따라 LG전자는 기존 5개 사업본부에서 4개 사업본부로 개편됐다. LG그룹은 MC사업본부 외에도 연료전지회사 LG퓨얼셀시스템즈와 환경시설 설계 및 시공회사 LG히타치워터솔루션도 매각했다. LG이노텍은 고밀도다층기판^{HDI} 사업, 조명용 LED^{발광다이오드} 사업 등에서 철수했으며 LG화학은 LCD소재 사업을 정리하고 올레드^{OLED} 소재와 엔지니어링 플라스틱 소재^{EP} 중심으로 가닥을 잡았다. 이처럼 LG는 그룹 차원에서 수익성이 낮은 사업 대신 첨단기술과 전장 등 신사업 쪽에 역량을 투입하고 있다. 이와 같은 외면적 변화 뒤에서는 '조용한 혁명'이라 불리는 또 다른 변혁이 일어나고 있다. 바로 'LG의 순혈주의 타파'다.

LG는 유달리 순혈주의가 굳건한 회사라는 이미지가 강했다. 그러나 2010년대 중반 이후 LG그룹 내에 외부 출신 임원들이 늘어나기 시작했다. 2015년에 6명, 이듬해에 11명, 그 이듬해에 12명이었던 외부 영입 임원 수는 계속해서 증가하여 2020년에는 23명으로 늘어났다. 이 같은 인사의 배경에는 기존의 방식으로는 오늘날 사업 환경의 변화에 재빨리 대응하기 어렵고, 순혈주의만으로는 혁신을 도모하기 어렵다는 위기의식이 감지된다. 사업경쟁력 강화와 함께 근본적인 사업방식과 체질의 개선을 위해서는 내·외부를 가리지 않고 인재를 발탁하겠다는 의지가 보인다.

인사는 곧 만사라 이른다. 또 알맞은 인재를 알맞은 자리에 써야 성공할 수 있다. 새로운 성장 동력의 발판이 될 신사업을 맡아 운영할 인재를 내부에서 발견할 수 없다면 외부에서 끌어와야 한다. 이를 그저 '순혈주의 타파'라는 시각에서만 보기는 어렵다. 외부 인재의 영입 자체가 아니라 외부 인재 영입을 통해 LG가 무엇을 하려 하는가를 보아야 한다. '어느 분야에 어떤 인재를 영입하는가'가 LG의 향후 신사업과 핵심역량의 이동을 가늠하는 척도가 된다. LG가 중점을 두고 있는 사안은 디지털 전환, 인공지능, 글로벌 영업망 구축 등이다.

　외부 인재 영입은 사업 경쟁력을 확보하는 방법이라는 점 외에 기존 경영진들의 세대교체로 이어진다는 점에서 젊은 기업문화를 일구는 수단이 되기도 한다. LG가 추구하는 신사업의 주요 소비층과 가까운 나이인 젊은 리더들로부터 소비자 친화적이고 획기적인 아이디어와 제품 및 서비스, 내부적으로는 빠르고 효과적인 의사결정구조를 기대할 수 있다.

나를 바꾸게 만든
리더 이미지 평가

이제 내 강점과 약점을 평가받은 그대로 털어놓을 때다.

아래는 내가 받은 인사평가 자료 중 '리더십 개발점'에 적힌 내용이다. 인사평가는 인비人秘 자료인데, 평가가 끝나면 상사로부터 피드백을 받아 주요 내용을 알게 된다. 자신의 리더십을 성찰하고 조직을 더 잘 이끄는 데 참고하라는 취지에서다.

● 1997년 LG전자 디지털레코딩미디어 이웅범 생산실장

부하 육성에 좀 더 관심을 기울이고, 조직을 통솔할 때 권위와 함께 구성원이 진심으로 합심하고 따르도록 하는 것이 필요.

- 2002년 LG전자 PCB사업부 이웅범 상무

자기주장이 강해서 부하들의 지지를 받는 노력이 다소 부족. 부하들의 열정과 자발적인 참여 등을 유도할 분위기 조성에 더 노력해야 함. 완급 조절이 필요.

- 2006년 LG전자 MC사업본부 생산담당 이웅범 부사장

순식간에 지나치게 화를 내는 경우가 있음. 지시가 일방적인 경우가 있으니, 주변의 이야기를 경청하고 의사결정에 반영했으면 함. 자기주장이 강해서 부하들의 지지를 받는 노력이 다소 부족함. 완급 조절 필요. 급한 성격, 단기적 성과 중시. 좋고 싫은 것이 지나치게 명확해 자칫 편 가르기로 치우칠 수 있음.

- 2011년 8월 LG이노텍 이웅범 부품소재사업본부장 부사장
  - 정량적(항목별) 평가 결과 개발점: 인격 존중, 자율 존중, 다양성 존중. 지속적으로 개발점으로 나타남.
  - 정성적(공개 질문) 평가 결과 개발점: 경청, 배려, 포용력, 부드러움, 칭찬, 소통

1994년 생산기술실장을 맡아 부장직을 수행한 이래 20여 년간 내 리더십에 대한 평가는 일관적이다. 일을 잘하지만 인간 중심의

조직 운영을 위해 더 노력해야 한다는 것이다. 내 '리더십 강점'은 줄곧 통찰력과 결단력, 정직한 보고, 단호한 대처 등이 키워드로 서술되었다. 내 '리더십 약점'은 인격 존중이 부족해 자신의 주장이 강하고, 급하게 결과를 요구한다는 것 등이었다.

먼저 정량적 평가를 보자. 평가 대상 연도는 2009년, 내가 LG전자 휴대폰 생산담당 부사장일 때였다. 나는 모든 영역에서 임원 평균보다 상당히 높은 점수를 받았다. 정도 경영 영역에서 90점대 중반으로 가장 높게 평가되었고, 고객가치 영역에서도 90점을 넘었다. '일등LG'는 정도경영과 고객 가치, 인간존중의 평가를 종합한 결과인데, 이 총점도 90점을 넘겼다. 그러나 인간존중에 대한 평가는 80점대 중반에 그쳤다. 그 전년도인 2008년 인간존중 평가는 80점대 초반에 불과했다.

그렇다면 정성적인 평가는 어떤가. 구성원들의 말을 살펴보자. 2011년 내 리더십에 대한 구성원들의 답변을 보면, 인간존중 측면에서 내 강점을 서술한 것은 단 한 건이었다.

- 항상 유머를 곁들인 대화로 구성원과의 열린 소통에도 적극적임.

반면 개발점에는 앞의 키워드가 다음과 같이 더 구체적으로 서술되어 있었다.

- 구성원에 대한 부드럽고 유연한 코칭, 직설적인 표현보다 우회적인 공감 유도
- 조직원의 역량 강화를 위한 시간적인 배려
- 좀 더 많은 사람이 다가갈 수 있는 부드러운 이미지
- 경청, 동기 부여, 구성원 배려, 칭찬
- 장기적 관점에서의 사업 육성과 인재 관리
- 소통
- 포용력

그보다 1년 전인 2010년의 설문 결과는 더 생생했다. 2010년은 부품소재사업본부를 맡아 이끌던 시기다. 따라서 2010년 답변자와 2011년 답변자는 많은 부분 겹친다. 다음은 2010년 2월에 실시된 조사에 대한 답변 중 일부다. 조사 대상자 323명 중 약 67%인 215명이 응답했다.

- 그냥 무서움
- 강한 카리스마로 다가가기 어려움
- 강한 이미지로 인해 의견 개진이 어려움

- 잘못 찍히면 직장생활 어렵겠다는 이미지
- 이미지가 권위적이고 강압적일 것 같음
- 일방적인 의사결정이 많은 것 같음

이런 반응에 대해서는 나 자신이 누구보다 잘 알고 있었다. 나는 내 앞에서 자신의 의견을 밝히지 않는 구성원들을 보고 변신을 위해 노력했다. 수첩에 청정문聽情問과 참을 인忍을 써넣고 회의 때마다 되새겼다. 청정문은 당시 CEO 허영호 사장의 의사소통 캐치프레이즈이자 프로그램이었다. 상대방의 말을 주의 깊게 듣고聽, 그 사람의 입장을 진심으로 이해하고 인정하며情, 일방적 지시가 아니라 생각을 자극하는 질문問을 통해 쌍방향으로 소통하는 것이다. 청정문의 기본 전제는 인간존중이다. 나는 구성원들과의 열린 소통을 위한 '오픈 컴' 행사를 지속적으로 실시했다. 딱딱한 이미지를 부드럽게 바꾸기 위해 평소에 웃는 얼굴로 지냈고, 틈틈이 유머를 익히고 구사했다. 변신 노력이 처음에는 어색했다. 나도 그랬지만, 나를 대하는 구성원들도 그랬을 것이다. 하지만 나도 구성원들도 점차 익숙해졌다. 직간접적으로 내 이미지와 태도와 말이 상당히 부드러워졌다는 반응을 받았다.

내가 가장 적극적으로 소통한 때는 LG화학 전지사업본부장으로 일한 첫해인 2016년이었다. 나는 '이심점심以心點心' 모임을 만들었다. 본부장으로서 들려주고 싶은 이야기를 공유하고, 구성원들이 궁금해하거나 바라는 바를 듣고 소통하기 위해서였다. 그해 일 년 동안 이심점심 모임을 33회 열었다.

GE를 경영했던 잭 웰치는 "CEO가 100번을 말해야 말단 사원들은 한 번을 겨우 듣는다"라고 말했다. 경영자가 자신의 메시지를 구성원들이 공유하도록 하는 일은 그만큼 어렵다. 그런데 나는 '일방적으로 무섭게 몰아붙여 즉각 결과를 요구하는 리더'라는, 근거 있는 각인을 받은 사장이었다. '회사 일과 가정생활의 균형' 같은 새로운 경영 방식에 대해 내가 구성원들에게 다가가 설명해야 했다. 구성원들로서도 경영자의 마인드와 사업 방향을 알아야 자신의 성장 비전을 제대로 설정할 수 있다.

내 소통의 노력은 구성원들에게 얼마나 전해졌을까? 소통을 위한 노력의 결과를 방증하는 자료로 이심점심 모임의 참석자가 올린 후기를 전한다. 이중 인간존중에 대한 내용을 전하면 다음과 같다.

> "회사 업무뿐 아니라 개개인의 삶의 방향을 생각해볼 수 있는 내용을 솔직하고 재치 있게 말씀해주셔서 부담 없이 경청하고 이해할 수 있었습니다. 사장님의 인간적인 면도 느낄 수 있었습니다."

"어려웠던 지난 시절을 웃으면서 재치 있게 말씀해주시는 모습에서 '여러분도 지금은 힘든 부분이 있겠지만 이겨낼 수 있어'라고 말씀하시는 것 같아 힘이 납니다. 본부장님의 진심을 담은 소통 노력에 참석자들도 희망을 느꼈습니다."

"본부장님께서 추구하시는 조직 문화의 참뜻을 다양한 사례와 유머로 생생하게 전달해주셔서 진정한 의미를 이해할 수 있었습니다."

"바쁘신 일정 속에서도 구성원 한 명 한 명에게 깊은 관심을 두시는 진심을 느낄 수 있었습니다. 더불어 본부장님의 이미지가 더욱 친근하게 느껴졌습니다."

"많은 질문에 정성껏 답변하시는 모습이 인상적이었고, 답변 또한 모든 부분에 있어 인간적이고 어렵지 않아 이해하기 좋았습니다."

"참가자의 눈높이에 맞춰 말씀하시어 훈시가 아닌 인생 선배와의 편안한 대화의 시간으로 느껴졌습니다."

2018년 LG화학을 떠나 연암공대로 옮기게 되었다. 그때 LG화학 구성원들이 적어준 글은 내가 얼마나 노력하고 변신해 환골탈태했는지 짐작할 수 있게 한다. 한 연구위원은 "항상 소통을 중요히 여기시어 직원들과 끊임없이 대화하시고 언제나 유머로써 스스럼

없이 대해주시는 모습은 저도 꼭 배우고 실천하겠습니다"라는 칭찬과 다짐을 보냈다.

이별하고 나서도 연락하는 관계가 진정한 관계다. 2011년 내가 부품소재사업본부장일 때부터 약 5년간 함께 일한 한 구성원은 대학으로 가는 내게 "모시는 동안 무척 많은 질책과 챌린지를 받아서 굉장히 무서웠지만, 사장님과 이별 이후에 그 챌린지가 뜨거운 관심과 애정의 산물이었다는 것을 느낄 수 있었습니다"라고 술회했다. 이어 그는 "그 챌린지 덕분에 아직도 제가 경쟁력을 가지고 조직 내에서 생활하고 있지 않나 하는 생각도 듭니다"라고 적었다.

한 임원은 "업무적으로 많은 가이드와 방향 제시를 해주신 부분도 기억이 납니다만, 제 개인적으로는 저의 부족한 리더십을 꼼꼼히 챙겨주시고 조언해주신 점이 가장 기억에 남습니다"라고 적었다. 그는 "상대적으로 젊은 임원이기에 갖게 되는 어려움도 있습니다만 전해주신 진심 어린 조언 가슴에 새기며 계속 도전해보겠습니다"라는 다짐도 빼놓지 않았다.

다른 한 임원은 "아무것도 모르는 저에게 많은 것을 가르쳐주셨습니다"라며 "많은 상사를 모셔봤지만 제가 인생의 멘토로 배우고 싶었고 그러려고 노력한 분이셨습니다"라고 썼다.

같이 일했던 이가 떠나는 마당에 싫은 소리를 늘어놓기는 어려운 노릇이니, 글로 표현된 인사가 100% 진심이라고 우길 수는 없을 것이다. 그런데도 나는 동료 후배들이 전해준 나와의 시간을 내 성장의 한 페이지로 간직한다. 변화를 위해 노력한 한 사람의 진심이 전해졌다는 안도와 함께.

나는 늘 '사람'보다 '일'이 우선이라 생각했고, 이는 타인의 판단과도 일치했다. 그러나 진작 조직원들의 약점보다 강점에 시선을 돌리고, 그들의 강점이 더욱 발휘될 수 있도록 여건을 만드는 것에 초점을 맞췄다면 어땠을까 하는 아쉬움이 크다. 아마도 내 노력이 좀 더 일찍 시작됐다면 '인간존중'의 리더십으로 회사를 더 잘 이끌 수 있지 않았을까.

제5장

사람을 품는 아량:
품을 수 있어야 키울 수 있다

우리는 언젠가 다시 만난다.
그래서 나는 다시 만나면 반가워할 수 있는
존재가 되고자 했다.

그룹 내 인사이동으로 그동안 부품을 납품하던 완제품 제조 업체의 임원으로 이동했다. 납품하던 시절 구매 담당 책임자는 나에게 단가를 더 깎으라는 무리한 요구를 수시로 했던 인물이다. 그 인물의 상사가 된 지금 나는 그를 어떻게 대해야 할까?

생산 차질 문제를 해결하라는 명을 받고 생산담당 책임자로 부임했다. 와서 보니 마케팅 부서는 매일같이 주문 물량을 바꾸고 개발 부서는 약속한 개발 기한을 지키지 않는다. 이 문제를 어떻게 해결해야 할까?

_____
_____
_____

구본무 회장,
배려와 격려의 리더십

LG그룹은 매년 1박 2일로 글로벌 CEO 콘퍼런스를 연다. 경기도 이천에 있는 LG인화원에서 열리는 이 행사에는 계열사 CEO와 사장들이 모두 참석한다. 첫날 행사는 대개 외부 인사의 주제 발표를 듣고 이후 사장들은 그 주제를 놓고 조별로 토론하고 발표한다.

콘퍼런스의 마지막 일정은 구본무 회장이 주재하는 만찬이다. 이날을 앞둔 사장들의 초미의 관심사는 좌석 배치다. 누가 구본무 회장의 헤드 테이블에 앉게 되느냐는 것이다. 대개는 신임 CEO들이 헤드 테이블을 배정받았다.

나도 헤드 테이블에 앉은 적이 있다. 아무래도 회장 앞이나 옆자리는 스트레스에 반응하는 호르몬인 코르티솔을 다량 분출시킨다. 그러나 구 회장은 이 자리에서 업무에 대한 이야기는 일절 화제에 올리지 않았다. 상황에 맞춰 농담을 풀어놓으면서 나를 포함해 함께 자리한 사장들의 긴장을 풀어줬다. 헤드 테이블에서 어떤 사장이 회장에게 술을 권하자 회장이 답했다. "내가 사는 술인데, 대신 인심을 쓰는 겁니까?" 술을 권한 사장은 머쓱해하면서도 웃음을 터뜨렸다. 술은 각자 주량에 따라 마실 만큼만 마시라는 뜻을 담은 조크였다.

"아들은 요즘 어떤 작품?" 배려의 화제 전환

그룹 행사에서 한번은 구 회장과 모 부회장, 내가 한 테이블에 앉게 되었다. 모 부회장은 식견이 풍부한 분이었다. 그가 내게 전문 지식에 대해 날카로운 질문을 던졌다. 조금 당황한 내가 머뭇거리자 구 회장이 "아들은 요즘 어떤 작품을 준비하나요?"라면서 화제를 돌렸다. 모 부회장은 다시 더 깊숙이 들어간 질문을 했다. 그러자 구 회장이 "자, 이제 밥이나 먹으러 갑시다"라면서 분위기를 바꿨다. 나를 불편하지 않게 하려는 배려였다. 당시 상황을 떠올리면 마음이 늘 따뜻해진다.

사람이 발휘해야 하는 사회성은 그 지위에 따라 차이가 난다. 대개는 이른바 '을'의 자리에 있는 사람들이 '갑'의 자리에 있는 사람들을 배려한다. 골프 라운딩을 해보면 친목 행사라고 해도 접대하는 위치에 있는 사람들이 더 많은 준비를 한다. 그들이 가벼운 화제에서부터 농담이나 이야기를 더 풀어놓는다. 갑은 편한 마음으로 가서 행사를 즐기다 오면 된다. 이런 측면에서 구 회장은 예외 중에서도 예외적이었다. 대기업 그룹의 회장인데도 경영 회의건 기타 행사건 참석자들에게 보다 많은 배려를 베풀었다.

중압감만큼 벅찬 보람의 컨센서스 미팅

LG그룹 계열사 CEO들은 매년 두 차례 구 회장에게 보고했다. 11월에는 업적 컨센서스 미팅이라는 이름의 보고이고, 6월에는 전략 컨센서스 미팅이라는 이름의 보고다. 특히 전략 컨센서스 미팅에서는 CEO가 자신이 경영하는 회사가 3~5년 후 어떤 방향으로 나갈지, 후계자 육성은 어떻게 할지를 제시하고 논의해 결정했다. 어떤 사업을 접을지, 어떤 사업을 신규로 시작할지도 이 미팅에서 결정됐다.

중압감은 전략 컨센서스 미팅보다 업적 컨센서스 미팅이 훨씬 컸다. 업적 컨센서스 미팅에서 CEO는 자신이 맡은 회사의 한 해 실적이 계획 대비 어땠는지를 보고하고 점검받았다. 실적이 흡족할 경우 구 회장은 "잘했어요. 점심식사 같이합시다"라고 만족감을 표했다. 실적 컨센서스 미팅 이후 나는 여러 번 구 회장의 점심식사 자리에 초대받았다. 한 해의 보람과 회장으로부터의 인정과 격려가 어우러지는 가슴 벅찬 자리였다.

숲 같은 '인간 구본무', 화담숲 남기다

화담숲은 LG상록재단이 공익사업의 목적으로 설립·운영하고 있는 수목원이다. 17개의 테마원과 국내 자생식물 및 도입식물 4,000여 종을 수집하여 재배·전시하고 있다. 일반인 관람이 허용되지만, 목표는 멸종 위기의 동식물을 복원해 다시 자연에서 자리 잡게 한다는 것이다.

화담和談은 사전에 오른 일반명사다. '정답게 이야기를 나누다'라는 뜻이다. 또 화담은 구본무 회장의 아호雅號이기도 하다. 화담숲과 구 회장의 호 화담에는 그의 철학과 태도가 짙게 배어 있다. 그는 사람들을 배려하면서 정겨운 이야기 나누기를 좋아했다. 화담숲은 어느 공간, 어느 위치에서도 사람이 자연과 정다운 대화를 나눌 수 있도록 설계되었다. 우선 계곡과 산기슭을 따라 이어지는 숲속의 산책로는 계단 대신 경사도가 낮은 데크로 덮여 있어 휠체어나 유모차가 다니기도 편하다. 또 화담숲에는 노약자가 불편함 없이 숲을 조망하도록 모노레일 시설도 갖춰져 있다.

 구 회장의 소탈함과 가식 없음은 익히 알려진 사실이다. 공식 행사가 아닌 장소에서 그를 본 사람들은 그가 구 회장인지 알아차리지 못했다고들 말한다. 예컨대 화담숲에서 허름한 모자를 쓰고 전지가위를 들고 일하는 모습을 본 사람 중에서 그가 구 회장임을 알아본 사람은 거의 없었다. 그는 소탈했으되 소탈함을 꾸미지는 않았다. 진정한 소탈함의 경지를 보였다고 할까. 이에 대해 이낙연 전前 국무총리는 구 회장의 빈소에서 "구본무 회장님은 평소 소박하신 분으로 비싼 고급술을 피하시고 또 너무 값싼 술은 위선이라고 하시면서 적절히 저렴한 술을 드셨고…"라고 회고했다. 구 회장은 2018년 5월 20일 오전 9시 52분에 영면에 들었다.

 구본무 회장은 LG의 경영자들을 길러냈고, 시간 나는 대로 숲을 길러냈다. 나무는 십년지계요, 인재는 백년지계라고 했다. 그러나 인재를 경영자로 바꾸어 본다면, 이 구절은 반대가 되어야 할 듯싶다. 경영자는 십년지계요, 나무와 숲은 백년지계라고 말이다. 그가 길러낸 경영자들이 구본무 회장을 전하지 못하게 될지라도, 화담숲은 다정다감했던 큰 인간 구본무를 100년이 지나도 증언할 것이다.

상사부일체

김종은 본부장, 우남균 본부장, 김쌍수 부회장. 이들은 모두 회사에서 나를 키워준 상사이자 스승들이다. 거명 순서는 내가 지도받은 시기에 따랐다. 나는 회사 내에서 기댈 인맥이 없었다. LG전자 출신이 아니라 상사 출신이었다. LG전자에서 가전을 비롯해 주력 사업부 출신도 아니었다. 내가 18년간 몸담은 레코딩미디어사업부는 회사 전체에서 차지하는 규모나 비중이 미미했다. 나는 회사에서 이런저런 인연을 따라 형성된 '라인' 어디에도 속하지 않았다. 이분들은 그런 나를 실적을 바탕으로 공정하게 평가했고, 권한을 전적으로 이양함으로써 내가 역량을 최대한 발휘할 수 있도록 이끌어주었다.

지금에 최선을 다해라
—

김종은 본부장은 내가 레코딩미디어사업부장 때 멀티미디어사업본부장이었다. 이후 멀티미디어사업본부장, 부사장에 이어 2000년에 LG정보통신 단말사업본부장을 맡았다. 2002년 그는 LG전자 정보통신 사업총괄 겸 이동단말사업본부장, 사장을 맡았다. 2008년에는 유럽지역본부장, 사장이 되었다. 그는 멀티미디어사업본부 전에는 오디오품질관리부장을 거쳐 LG그룹 회장실에서 경영기술 부문 이사, 기획팀장 상무로 일했다. 이후 LG전자로 옮겨 기술지원 담당 상무, 정보시스템SBU장 전무, 리빙·생기부문장 전무로 근무했다.

김종은 본부장은 늘 "너무 앞서 가지 마라, 그건 그때 가서 걱정하면 된다, 지금에 최선을 다하라"고 말했다. 김 본부장은 회사가 레코딩미디어사업부를 매각하려고 했을 때 나서려는 나를 제어해주었다. 나는 흑자 사업부를 적자 회사인 새한미디어에 파는 일은 말이 안 된다고 판단했다. 이 판단을 회사 경영진에게 주장하려고 했다. 그러나 그 상황에서 김 본부장이 나를 만류했다. 회사와 사업부 사이의 소통은 당신이 할 테니 나는 물러나 있으라고 말했다. 그러면서 내게 상황 판단과 의견을 문서로 작성해 제출하라고 했다. 김 본부장의 판단이 적절했다. 사업부 구성원들과 노조 지부가 격앙되어 행동에 나서는 가운데 내가 '매각 반대' 주장을 폈다면, 회사와 사업부 구성원 간의 갈등은 더욱 심해졌을 것이다.

김 본부장은 내 골프 스승이기도 하다. 나는 수석 부장으로 사업부장이 되고 나서 1년 후 임원으로 승진했다. 사내외 관계상 필요해 골프를 시작했다. 그러나 골프를 배우거나 연습할 시간은 전혀 주어지지 않았다. 연습장을 조금 다닌 상태에서 바로 실전에 나서야 했다. 왕초보 골퍼의 스윙을 본 김 본부장은 "준비된 사업부장이어야지, 그게 뭐냐"라며 놀리곤 했다. 사업부장이 될 때를 대비해 골프는 틈틈이 익혀뒀어야 했다는 말이었다.

한번 해봐, 믿으니까

우남균 본부장은 김종은 본부장에 이어 멀티미디어사업본부장을 맡았다. 우남균 본부장은 멀티미디어사업본부장, 부사장 이후 2003년에 LG전자 사장으로 승진했다. 2006년에는 LG전자 중국 총괄 사장을 맡았다. 그는 LG전자의 해외통이었다. 유럽지역담당 상무에 이어 북미지역본부의 상무와 북미지역본부장 전무로 활동했다.

우남균 본부장은 레코딩미디어사업부의 영화 수입 유통 지원을 재가해주었다. 당시 LG전자가 영화 수입에 관여하는 일은 회사 이미지와 너무 거리가 멀다는 생각이 일반적이었다. 그러나 나는 함께 일하는 정상훈 팀장의 아이디어에 일리가 있다고 판단했다. 영화 유통을 해야 영화가 담기는 비디오테이프가 더 팔리고, 그러면서 LG전자의 브랜드 인지도도 높아질 수 있었다. 우 본부장은 회사 내의 부정적인 분위기에도 불구하고 내 보고를 다 듣고서는 "한번 해봐. 믿으니까"라고 말했다. 레코딩미디어사업부는 수입 영화 유통을 지원해 기대 이상의 성과를 거뒀다.

우남균 본부장은 반도체 기판에 대해서도 내 판단을 전적으로 신뢰하고 재가했다. 2002년 PCB사업부가 고전할 때 회사에서는 반도체 기판에서 철수하라고 지시했다. 그러나 그러기에는 그동안 투자하고 축적한 기술과 경험이 너무 아까웠다. 반도체 기판은 난관을 넘어서면 알짜 사업이 될 수 있다고 판단했다. 우 본부장에게 상황을 보고하고 "특수 MLB라는 명칭으로 반도체 기판을 유지하면 좋겠다"고 건의했다. 실체를 가린 이름이었다. 결과적으로 회사에 거짓말을 하는 것이었지만, 이 사업과 회사를 위한 절충안이었다. 우 본부장은 내 건의를 받아들였다. 그 결과 반도체 기판은 명맥을 유지하는 데 그치지 않고 탁월한 성과를 보였다. 이제 반도체 기판은 효자 품목으로 LG이노텍 성장에 기여하고 있다.

우 본부장은 대전에 있는 우송대학교의 명예총장으로 재직하면서도 나와 내가 경영하던 회사에 도움을 주었다. 총장은 외국인이었기에 우 명예총장이 실질적인 총장직을 수행하고 있었다.

당시 LG이노텍은 애플의 주문 물량 대거 확대에 대응하기 위한 현장 사원 채용에 애를 먹고 있었다. 일손을 구하느라 여기저기 다니던 시기에 우 명예총장도 찾아갔다. 회사 상황을 들은 우 본부장은 우송정보대 졸업 예정자들을 LG이노텍에 연결해주기로 했다. 그렇지 않아도 우송정보대는 졸업 예정자들의 취업을 놓고 고심하고 있었다. 우 명예총장은 대학 이사장을 찾아가서 "LG이노텍에 취업을 요청했다"고 보고했다. 이사장이 마다할 이유가 없었다. 결국 우송정보대에서 200여 명이 와서 LG이노텍의 일손 부족을 덜어주었다.

일을 똑바로 하세요

김쌍수 부회장은 2003년 3월 LG전자 대표이사에 선임되었고, 그해 10월에 부회장으로 승진했다. 김 부회장은 2007년 2월까지 4년간 대표이사로 LG전자를 경영했다. 김쌍수 부회장으로부터는 내가 PCB사업부장을 맡은 이후 계기 때마다 지도를 받았다. 이후 김 부회장은 내가 MC사업본부의 단말기생산담당으로 일하도록 기회를 줬다. 제조하는 제품이 부품에서 완제품으로 확장되었고, 사업의 규모가 수십 배로 커졌다. 그만큼 내가 짊어져야 할 책임 역시 커졌다.

일반적으로 기업의 임원 인사는 연말 연초에 행해진다. 그러나 내가 MC사업본부의 단말생산담당으로 부임한 것은 2005년 7월 긴급 인사조치에 따른 것이었다. 해결해야 할 문제가 그만큼 시급했다. 당시 내가 부여받은 과제는 생산 차질 문제 해결이었다. 부임하고 보니 생산 회의를 아침에도 하고 오후에도 했다. 마케팅은 생산을 해주지 않아 못 판다고 했고, 개발에서는 신모델을 내놓았는데 생산이 따르지 못하고 있다고 탓했다. 생산은 고립무원이었다.

게다가 자재 문제도 있었다. 전산상으로 재고창고에 존재하는 자재 중 상당 부분이 불량이어서 쓸 수 없는 것이었다. 불량 자재가 생산라인에 투입될 경우 시간 손실뿐만 아니라 생산량 달성에 차질이 빚어진다. 자재 불량에는 다음과 같은 사연이 있었다. LG전자는 휴대폰 생산을 구로공단 가산동 공장과 청주 공장에서 나눠서 하다가 2005년에 평택 공장으로 통합했다. 자재를 평택 공장으로 옮기는 과정에서 기존 두 공장이 보유하고 있던 자재를 점검해 불량 재고는 폐기했어야 했는데, 그 경우 적자가 커지는 것을 두려워해 폐기하지 않고 그대로 가지고 온 것이었다. 먼저 7월 말 8월 초 여름휴가 기간에 재물조사를 전면적으로 실시했다. 사용할 수 있는 자재와 사용할 수 없는 자재를 모두 구분하여 정리했다.

그러나 이듬해에도 생산은 원활해지지 않았다. 근본적으로 부서 간 손발이 맞지 않은 것이 원인이었다. 생산을 하려면 자재를 조달해야 하는데, 마케팅에서 매일같이 물동을 바꾸니 원활하게 대응할 수 없었다. 개발 부서 역시 약속한 기한이 지나서야 개발을 완료하는 터라 일정이 지연되고, 이에 따라 생산 가능 물량은 줄어들 수밖에 없었다.

생산 차질 문제는 본사에서까지 공론화되며 경질설이 떠돌았다. 그리고 2006년 4월, 나는 마침내 본사 인사담당 부사장의 연락을 받았다. 그는 용건은 만나서 이야기하겠다고 말했다. 그는 평택 공장으로 오지 않았다. 우리는 공장에 가까운 오산 나들목 근처 식당에서 만났다.

"위에서 생산이 아직도 제대로 되지 않고 있다며 질책합니다. 무슨 문제인지 알아보라고 해서 왔습니다."

"변명하지는 않겠습니다. 생산 차질은 일차적으로 내 책임입니다. 그러나 실제 상황이 어떤지는 공유되어야 합니다. 제 말씀을 그대로 위에 보고해주시기 바랍니다. 마케팅에서 매일같이 물동을 바꿉니다. 마케팅에서 요구하는 물량을 만들려면 자재를 조달해야 합니다. 리드 타임이 있어서 즉각 대응이 안 됩니다. 마케팅은 일정 기간 물동을 고정해주어야 합니다. 개발 부서에서도 일정을 맞춰야 합니다. 생산은 하루에 생산할 수 있는 양이 정해져 있지 않습니까. 그런데 개발에서 1일에 마치기로 약속한 개발을 20일에 완료한 뒤 생산이 문제라고 탓합니다. 이게 맞는 겁니까. 개발에서는 일정을 준수해야 하고 마케팅에서는 주문 물량을 예측할 수 있게 줘야 합니다. 그러면 생산은 어떻게든 맞출 수 있습니다. 지금 그렇게 되도록 두 부서와 함께 손발을 맞추고 있습니다."

내 말을 들은 인사담당 부사장은 사람을 바꿔서 될 일은 아닌 것 같다는 보고를 했다고 후일 들었다. 그리고 5월, 김쌍수 부회장이 내게 전화했다. 나와 함께 일하는 임원들을 다 데리고 식당으로 오라는 것이었다. 생산과 공급망 관리, 생산기술, 구매, 품질, 혁신 등 임원들 여섯 명과 함께 식당으로 향했다. 김 회장이 술을 몇 순배 돌린 뒤 말했다.

"이 부사장, 일을 똑바로 하세요."

임원들이 나섰다.

"부회장님, 현재 상황은 생산만의 탓은 아닙니다."

"다른 말 할 것 없이, 빠른 시일 내에 정상화하세요."

김 부회장은 격려금을 전달한 뒤 식당을 떠났다.

"일을 똑바로 하세요." 얼핏 질책으로 들리는 이 말은 실은 나에 대한 격려였다. 나에게 계속 이 일을 맡길 테니, 어서 문제를 해결하라는 말이었다. 실제로 김 부회장의 방문 이후 경질설은 쑥 들어갔다. 그 덕분에 나는 생산 문제를 해결할 수 있었고, 인생에서 또 하나의 고비를 넘길 수 있었다.

직원의 성과는
가족에게 보답한다

    LG그룹 계열사들은 대개 연말에 구성원들의 업무를 평가한다. 성과가 뛰어난 사람한테는 개인 인센티브를 준다. 인센티브를 각각 어느 정도 지급할지는 사업부장이 결정한다. 사업부장은 자신과 일하는 구성원들이 받는 연간 급여 총액의 대략 3%를 개인 인센티브 재원으로 쓸 수 있다. 한 직원에게 지급할 수 있는 인센티브 액수의 한도는 그 연봉까지다. 매우 탁월한 실적을 올린 직원은 일 년에 두 배의 연봉을 받는 셈이다.

    나는 1999년 LG전자 디지털레코딩미디어사업부장이 되기 전에 인센티브를 여러 차례 받았다. 그러면서 '인센티브를 주는 방식을 바꿀 수는 없을까?' 생각하게 되었다.

내 경우 급여 계좌에 적지 않은 돈이 입금되면 아내가 무슨 돈인지 물어보곤 했다. 그럴 때마다 내 대답은 "회사에서 일 잘했다고 줬어"가 끝이었다. 남편이 무슨 일을 얼마나, 어떻게 잘했는지 모르는 아내는 자식들에게 가장의 성과를 설명하지 못했다. 그냥 "너희 아버지가 회사에서 일을 잘해서 인정받으셨대"라고만 말했다. 우리 집만 그런 게 아니었다. 인센티브를 받은 다른 집 상황도 비슷하리라고 짐작했다.

그래서 사업부장으로서 인센티브를 줄 때부터 나는 받는 직원 집으로 편지를 써서 부쳤다. 이 아이디어는 내가 전에 '인센티브만' 받을 때 떠올린 것이었다. 편지 내용은 대략 다음과 같았다.

○○○ 과장 가족분들께.

○○○ 과장은 우리 LG전자에서 ○○○ 업무를 성실히 수행하고 있습니다.

이번 반기에 홍 과장이 ○○○에서 뛰어난 성과를 올려, 회사 이익에 크게 이바지했습니다. 회사에 헌신해온 ○○○ 과장의 성과는 가정의 이해와 희생이 있었기에 가능했음을 저는 잘 알고 있습니다.

보상 차원에서, 큰 금액은 아니지만, 이번 달에 월급 외에 인센티브 ○○○원을 추가로 지급했습니다.

귀 가정에 건강과 행복이 늘 함께하기를 기원합니다.

감사합니다.

1999년 ○월 ○일

이웅범 사업부장 배상

나는 편지를 컴퓨터로 출력해 일일이 사인해 발송했다. 기혼 직원일 경우 현재 살고 있는 집에 배우자 앞으로 보냈다. 미혼인 직원에게는 부모에게 편지를 보냈다.

아마도 나처럼 편지를 발송한 간부는 전에 없었을 것이다. 2003년 6월에 내게 온 답신 중 "LG 가족이 된 지 15년이 넘었지만 이렇게 제가 직접 편지를 받아본 것은 처음입니다"라는 내용이 있었다.

다음 편지 두 통은 내 편지를 받은 부인들이 각각 회신해온 내용의 일부다. 이어 직원의 대학생 딸이 보낸 편지도 일부 소개한다.

요즘 저희 가정은 새로운 아기의 출산을 준비하느라 심적으로 여유가 없는 생활을 합니다. 그런 제가 항상 늦게 퇴근하는 남편을 보면서 갖게 되는 생각은 여러 가지랍니다.

먼저 남편 건강이 걱정되기도 하지만 가정을 너무 소홀히 한다는 생각에 많이 섭섭했습니다. 가끔은 '진짜 회사 일로 바쁜 것 맞나?' 하는 의심이 들기도 했고요. 배부른 아내의 투정이 듣기 싫어서 늦는 것 아닌가 하는 생각도 많이 했고 속상해서 울기도 많이 했습니다.

그런데 이 편지 한 장이 남편의 변명이라고 생각했던 모든 의심을 깨끗하게 씻어주었답니다. 또한 남편을 다시 한번 생각하게 되었고요. 내가 남편에게 힘이 되어주어야 하는데 그렇지 못함이 참 미안하고, 남편이 고맙고 자랑스럽다는 생각이 들었답니다.

남편을 통해서 이 소식을 들었으면 이런 감정은 못 느꼈을 텐데. 이렇게 편지를 보내주셔서 남편이 회사에서 이렇게 일하고 애쓴다는 게 더 실감 나고 감동되네요.

남편은 보내주신 글 함께 읽으면서 너무 벅찬 선물이라고… 그저 감사하고 죄송할 뿐이다, 받을 자격이 안 되는데, 하면서 어떻게 보답을 해야 할지 깊은 생각에 빠진 듯합니다. LG 가족이라면 모두 그렇겠지만, 저는 LG를 생각하고 사랑합니다. 저와 남편, 두 아이가 함께할 수 있도록 이어주는 가장 든든한 원천이 바로 제 남편이 다니고 있는 이 LG전자입니다.

부족한 것도 많고, 많은 도움을 드리지는 못했지만, 항상 저의 남편은 성의껏 LG전자를 위해 노력할 것이고 저와 가족은 잘 내조하고 보살필 것입니다.

우리 가족에게 보내주신 따뜻한 위로와 같은 서신은 정말 감동적이기까지 했습니다. 크리스마스가 얼마 남지 않아서인지 꼭 크리스마스 선물을 받은 기분이었어요. 사업부장님의 서신은 아버지뿐만 아니라 가족 모두에게 힘이 되었습니다. 회사에서 개인에게 이런 서신이 온다는 것이 어려운 일이기에 영광스러웠고 또 아버지가 대단하게 느껴지기도 했습니다. 아버지께서 인정받고 있다는 생각에 기분도 좋았어요.

인센티브 편지 외에 나는 여러 방법으로 직원의 가족과 소통했다. 자녀가 초등학교에 입학하는 경우 편지를 넣어 학용품 세트를 선물했다. 그전에는 학용품 세트만 소포로 보냈다고 들었다. 내 편지를 받은 초등학교 신입생들이 보낸 답장 몇 통을 아직도 서랍에 간직하고 있다. 지방 사업장 직원들의 초등학생 자녀들을 서울로 초청해 시설을 견학하게 한 뒤 호텔에서 숙박하게 하는 행사도 열었다. 또 직원 부인들에게 책을 선물했고, 자녀들에게는 CD를 보냈다.

인센티브 편지는 회사와 직원, 가정을 연결해주었다. 회사 상사가 우수 직원의 성과를 가정에 알리고 칭찬한다. 그렇게 하지 않았으면 잘 몰랐을 직원의 회사에 대한 기여를 가정에서 알게 되어 자랑스러워하고 감사해한다. 가족은 아울러 회사에 대한 애사심도 갖게 된다. 가정에서 인정받은 직원은 더욱 애사심을 갖고 맡은 업무를 주도적이고 적극적으로 수행한다. 인센티브 편지는 회사와 열심히 일하는 직원들, 그리고 그 직원들의 가정을, 이를테면 '삼위일체'로 이어주는 가교가 아니었을까.

미래의 씨앗을
뿌리다

"우리 학교 학생들이 공부는 잘하는데, 가정형편이 몹시 어려운 경우가 많더군요. 학교 급식비를 못 내는 학생이 많을 정도예요. 무척 놀랐고 마음이 아팠어요."

2010년 초에 만난 구미전자공고 최돈호 교장 선생님이 이런 말을 했다. 최 교장은 LG전자에서 나와 함께 근무한 인연이 있다. 그는 LG전자 구미사업장 상무를 거쳐 그해 개방형 공모제를 통해 구미전자공고 교장으로 부임했다. 내가 LG이노텍 부품소재사업 본부장을 맡고 있을 때였다. LG이노텍의 주요 사업장 중 하나가 구미에 있다. 교장으로 부임한 그는 내게 구미전자공고 학생들을 위한 특강을 요청했다.

강연을 마친 뒤 교장실에서 나눈 대화 중 급식비 얘기가 나왔다. 전체 학생 수가 약 840명인데, 그중 약 80명이 급식비를 내지 못한다는 것이었다. 전체 학생 중 10%에 가까운 높은 비율이었다. 구미전자공고 학생들은 기숙사 생활을 한다. 급식비를 내지 않아도 밥은 먹을 수 있다. 하지만 매끼 식사가 부담스러울 수밖에 없었다. 안타까웠다. 나도 가정형편이 어려운 가운데 학창 시절을 보낸지라 마음이 아팠다. 내가, 아니면 LG이노텍이 도울 방법이 없을까? 아이디어가 떠올랐다.

"그럼 LG이노텍과 구미전자공고가 협약을 맺으면 어떨까요? LG이노텍의 임직원 중 뜻이 있는 사람들이 구미전자공고 학생들의 급식비를 장학금 명목으로 지원하도록 연결해볼게요."

우리 본부 구성원들의 호응은 예상을 뛰어넘었다. 임직원들이 적극적으로 참여했다. 물론 아이디어를 내고 추진한 나도 힘을 보탰다.

선의는 그보다 더 큰 메아리로 돌아왔다. 급식비 장학금을 받은 학생들이 내게 편지를 보냈다. 한 학생은 "급식비가 밀리고 미납되기 일쑤여서 걱정이 많았는데 장학금 덕분에 부담이 많이 줄었다"고 들려줬다. 우리 회사에 취업하게 되었다며 편지로 소식을 알리는 장학생도 있었다. 2014년에 한 학생은 "가장 먼저 알려드리고 싶은 소식은 취업"이라며 "11월 체력검정과 면접을 무사히 마치고 LG이노텍 취업 합격 통보를 받았습니다"라고 알려왔다. 그는 "바라던 소망이 이루어지고 나니 긴장이 풀렸지만 방심하고 나태해지지 않고 여전히 학업에 열중하고 있습니다"라고 적었다.

LG이노텍은 급식비 장학금을 비롯해 다양한 방법으로 구미전자공고와 교류를 이어갔다. 학생들을 LG이노텍 사업장에 초대해 견학을 시켜줬다. 견학 행사 때에는 내가 학생들과 함께 식사하고 책을 선물했다. 산학연계 현장실습도 실시했다. 학생들은 학교에서 배우는 내용이 현업에서 어떻게 쓰이는지 접하게 되었다. 이를 통해 공부할 때 업무를 떠올리면서 손에 쥐듯이 할 수 있게 되었다는 반응이 왔다.

개별적인 도움도 줬다. 한 학생의 어머니가 큰 수술을 앞두고 있다는 말을 최 교장에게서 들었다. 수술도 수술이거니와 치료비가 크게 부담스러운 형편이라고 했다. 학생과 어머니, 최 교장을 초대했다. 점심을 모시면서 의료비에 상당하는 금액을 드렸다.

전국 최고 마이스터고로 도약

―

구미전자공고는 2010년 최돈호 교장 취임 이후 날로 발전해 전국 최고의 마이스터고교로 평가받았다. 마이스터고교란 실업계고등학교를 발전시킨, 직업인으로 진로를 정한 고등학생들을 전문적으로 육성하는 전문계실업계 특성화 고등학교를 가리킨다. 공모를 통한 최 교장 초빙은 구미전자공고를 마이스터고교로 운영하기 위한 과정의 출발이었다.

최 교장이 헌신한 구미전자공고는 마이스터고로 전환한 뒤 교육부의 전국 마이스터고 운영 평가에서 매년 최우수 학교로 뽑혔다. 2015년 5월에는 교육부가 제1기 마이스터고 21개교를 대상으로 실시한 마이스터고 5년 운영 성과 평가에서 전국 최우수 학교로 선정되었다.

구미전자공고는 2012년부터 최 교장이 퇴임하기 전 해인 2015년까지 전국에서 유일하게 3년 연속 취업률 100%를 달성했다. 구미전자공고 졸업생의 75~85%는 대기업 또는 공기업에 입사했다. 나머지 졸업생은 창업의 꿈을 키울 수 있는 기술 중심의 글로벌 벤처기업에 취업했다.

구미전자공고와의 소중한 산학협력

구미전자공고 졸업생들은 LG이노텍에 몇 명이나 취업했을까? LG

이노텍과의 교류 이후 취업자 수가 더 증가했을까? 최 교장에 따르면 그전에는 한 해에 20여 명이 LG이노텍에 취업했는데, 부임 이후에는 100명 내외로 증가했다. 채용을 크게 늘린 가장 큰 요인은 애플의 카메라모듈 대거 발주였다. LG이노텍의 현장직 인력이 크게 부족하게 되었을 때 구미전자공고와 형성한 유대가 애플 수주에 따른 일손 부족을 해소하는 데 도움이 된 것이다.

기업이 특정 학교 출신을 많이 뽑는 일은 조심스럽다. 다른 학교에서 불만을 제기할 가능성이 있고, 내부적으로는 학연이 형성돼 조직 운영에 영향을 미칠 수도 있기 때문이다. 그런데도 LG이노텍이 구미전자공고 학생들을 대거 선발한 데에는 몇 가지 이유가 있다. 무엇보다 우수한 학생들이 많았다. 공고 졸업생들은 대개 현장직으로 채용하는데, 구미전자공고 졸업생 중 몇 명은 연구개발직으로 선발할 정도였다. 게다가 입사 전부터 LG 이노텍에 애사심을 갖게 된 학생들이 많았다.

구미전자공고가 전국 최우수 마이스터고가 된 바탕에는 최 교장이 추진한 취업 보장 맞춤반 운영, 학생 전원 기숙사 생활, 정규 교육과정 외의 방과 후 교육, 수업료와 방과 후 교육비 전액 면제, 협약 기업체의 산업현장 경력 기회 제공, 최장 4년간 입대 연기 등이 있었다. 이와 같은 제도적 기반에 더해 LG이노텍은 임직원들의 자발적인 참여를 통해 작게나마 힘을 더했다. 급식비를 해결한 학생들은 배를 곯지 않고, 돈 걱정에서 벗어나 공부에 전념할 수 있었다.

2016년 8월에 퇴임한 최돈호 교장은 나를 볼 때마다 "교장 부임 초기에 사장님 덕분에 급식비 부분을 해결하고 나니, 얼마나 마음이 든든했는지 모른다"라고 말하곤 했다. 내게 구미전자공고와 LG이노텍의 따뜻하고 의미 있는 산학협력은 큰 보람으로 남아 있다.

함께 일하면
다 같은 동료

　LG이노텍은 적자 상태에서도 장애인의무고용 위반 부담금을 2011년까지 연간 몇억 원씩 내고 있었다. 장애인의무고용제도는 일정 규모 이상의 사용자가 일정 비율 이상의 장애인을 고용하게 한다. 그 의무를 이행하지 않을 경우 부담금을 내야 한다. 부담금도 부담금이지만, 제도의 좋은 취지에 회사가 부응하지 않아왔다는 사실이 마음에 걸렸다.

　CEO로 취임한 뒤 그런 현황을 파악하게 되었다. 인사 담당 간부를 불러 물었다.

　"왜 장애인을 고용하지 않죠? 부담금을 몇억 원씩 내면서도."

"장애인은 현장에서 일을 시키기가 불가능해서입니다."

사실 나도 그전에는 장애인이 신체적으로 일반인 수준으로 작업 속도를 맞추지 못한다는 편견이 있었다. 그런 내가 선입견을 버리게 된 책이 있다. 『캐논코리아의 혁명은 포장마차에서 시작되었다』● 이다. 캐논코리아 안산공장은 '자율책임경영을 통한 탁월한 성과기업'의 모델로 제시됐다. 그 모델은 작업 현장에서는 일사불란하면서도 활력이 넘치는 모습으로 나타났다. 성과의 원동력은 '구성원들이 진심으로 각자가 오너라는 자긍심을 가지고 혼신을 다하면서 몰입하고 탁월한 성과를 이루어내도록 하는 것'이었다.

그렇다면 각 구성원이 자신이 주인이라고 여기게 한 비결은 무엇이었을까? 캐논코리아 안산공장의 김영순 전무는 "구성원들을 저렇게 만든 노하우가 무엇이냐?"는 질문에 "딱 하나뿐"이라고 대답했다. "구성원들을 진정 아끼고 사랑하는 것"이라고.

캐논코리아의 혁신을 벤치마킹하다

나는 이 책에서 LG이노텍에 바로 적용할 수 있는 경영 노하우를

● 류랑도, 2011, 랜덤하우스코리아.

얻었다. 바로 셀cell 생산방식과 장애인 고용이었다. 캐논코리아 안산공장은 처음에는 장애인을 배려한다는 생각에서 장애인을 고용했다. 그런데 장애사원들은 비장애사원들과 동등한 능력을 보였다. 장애사원들로 이루어진 '아이 캔 셀I Can Cell'은 소통 방식이 약간 다를 뿐, 여느 셀과 다름없는 셀로서 기여했다. 게다가 장애사원들이 근무하면서 공장 전체가 새로운 활력을 얻게 됐다. 캐논코리아의 혁신 중 하나는 셀 생산방식이었고, 그 출발점 또한 구성원을 인격체로서 존중하자는 정신이었다.

셀은 소수의 직원으로 구성된 생산단위를 가리킨다. 한 셀에서는 소수의 직원이 여러 공정을 책임지고 완제품을 만들어낸다. 수십 명 또는 수백 명의 직원이 하나씩의 공정을 맡아 단순 작업을 반복하는 컨베이어 벨트 방식과 대조된다. 셀 생산방식의 장점은 주문 상황에 따라 탄력적으로 제품 생산라인을 재구성하거나 공정을 개선하기 쉽다는 것이다.

결과부터 말하면, LG이노텍은 장애인 근로자를 2011년 61명에서 2014년 말 200명으로 3배 이상으로 늘렸다. 장애인 근로자 200명 중 2급 이상 중증장애인 근로자 비중은 44%에 이르렀다. 같은 기간 장애인 고용률은 0.8%에서 3.0%로 높였다. 이로써 내 임기에 당시 민간 기업 장애인 의무고용 비율 2.7%를 초과 달성했다. 상시 고용인원 50인 이상인 민간 기업의 장애인 의무고용 비율은 이후

2017년에 2.9%로 높아졌고, 2019년에는 3.1%가 되었다.

장애인고용을 위해서는 채용과 그 이후 일하는 방식 등에서 다각도로 준비하고 적응하는 과정이 필요했다. 우선 한국장애인고용공단 대구직업능력개발원과 맞춤 훈련 협약을 체결하고 장애인 고용을 늘리기 시작했다. 특히 2012년 3월에는 처음으로 장애인 공개채용에 나섰다. 장애인을 대상으로 전국 7개 사업장에서 근무할 사무직과 현장직 직원 50명을 공채한다고 발표했다. 두 분야로 나눠, 연구개발과 생산기술, 영업·마케팅, 제조, 품질 검사 등은 학사 학위 이상 소지자를 대상으로, 현장직은 고졸 및 전문대졸 이상을 대상으로 공채한다고 밝혔다. 첫 공채를 통해 4월에 연구개발직과 사무직, 현장직 사원 40여 명을 선발했다.

장애인 채용을 앞두고 장애사원 맞춤형 교육프로그램을 개발했다. 먼저 작업지시서를 문서로 작성했다. 수화가 가능한 직원도 채용했다. 문서로만 소통해서는 충분하지 않은 부분이 있어서였다. 또 기숙사에 장애인이 불편함 없이 지낼 수 있는 호실과 공간, 무선 신호기 같은 시설을 추가했다. 작업 현장에는 장애인 정보전달 모니터 및 전광판을 설치했다.

장애사원들은 초기에 업무 성과로써 장애인 고용에 대한 확신을 100% 심어줬다. 이후 LG이노텍은 장애인고용을 빠르게 늘려나갔다. 장애인 전용 라인도 운영했다. 청각장애인 근로자로 구성된 '포커싱반'이 그런 전용 라인을 담당했다. 포커싱반은 광학솔루션사업부의 스마트폰용 카메라모듈의 초점 조절 기능이 제대로 작동하는지 테스트했다. 스마트폰용 카메라모듈 중 초점 조절장치는 작은 오차라도 발생할 경우 전혀 다른 촬영 결과물이 나올 수 있다. 따라서 이 테스트는 카메라모듈의 품질을 좌우하는 중요한 공정이었다.

2012년 5월에는 장애인 표준사업장 이노위드를 자회사로 설립했다. 장애인 표준사업장이란 장애인을 상시근로자의 30% 이상, 10명 이상 고용한 사업장을 가리킨다. 자회사로 장애인 표준사업장을 설립해 운영하는 경우 그 자회사에서 고용한 장애인은 모회사의 고용으로 인정된다. '함께 하는 희망일터' 이노위드는 2021년 현재 전남 광주와 안산, 구미, 파주, 평택의 사업장에서 카페·자판기 운영과 환경미화, 조경 등 서비스를 제공한다.

LG이노텍은 2015년 4월 장애인 일자리 확대에 공헌한 점을 인정받아 한국장애인고용공단 주관으로 개최된 장애인고용촉진대회에서 대상인 트루컴퍼니상을 수상했다.

언젠가는
우리 다시 만나리

　비즈니스를 하다 보면 갑의 자리에서 을의 자리에 있는 사람을 만날 때도 있고, 을로서 갑을 만날 때도 있다. 나는 갑일 때 갑질을 하지 않으려고 스스로 삼갔다. 물론 그렇게 받아들이지 않은 분들도 있겠지만. 내게 도움을 요청하는 손길이 있을 때는 가능한 한 잡아줬다. 그런 이후 내가 을이 되고 그 을이 갑이 된 경우도 있다. 반대로 내가 을이었다가 갑이 된 경험도 했다. 갑으로 변신하게 된 나는 전에 을로서 당한 분을 풀었을까? 다시 만날 그이기에 그렇게 하지 않았다. 돌아보면, 갑을 관계를 떠나 맺은 비즈니스 인연이 다시 연결되면서 일이 풀릴 때도 있었다.

갑을 관계를 넘어서

—

LG전자 PCB사업부장에서 단말생산담당으로의 인사이동은 여러 모로 의미가 컸다. 우선 제조하는 제품이 부품에서 완제품으로 확장되었다. 긴밀하게 함께 움직여야 할 협력업체가 훨씬 많아졌다. 또 사업의 규모가 수십 배로 커졌다. 큰 책임이 주는 막대한 부담 아래 취임했다. LG전자 PCB사업부장에서 단말생산담당으로 인사이동을 했을 때 회사 안팎에서 많은 축하와 응원 메시지를 보내왔다.

드물게는 내 인사에 전전긍긍할 사람도 있었다. 휴대폰용 PCB 구매담당 부장이었다. 그는 그 인사 직전까지 부장으로서 상무인 나를 닦달했다. 대개 갑을 관계에서는 갑 측 대리가 을 측 과장을, 과장이 부장을, 부장이 상무를 상대한다. 갑과 을은 또 일반적으로 일 대 다 관계다. "단가를 깎아야 한다, 경쟁사보다 비싸다"면서 우리를 압박하는 게 그의 일이었다.

단말생산담당으로 취임하고 며칠 뒤 그 부장을 불렀다. 구매부서는 물론 내 관할 조직이었다. 같은 회사인데, 그동안 내가 PCB사업부장일 때 그가 내게 한 일을 생각해보라고 말했다. 당시 내 요청은 단가를 높여달라는 것도 아니었고, 품질에 문제가 있는데 눈감아 달라는 것도 아니었으며, 동일한 조건이라면 우리 제품을 써달라는 것 아니었느냐고 당시 상황을 복기했다. 그에게 "기술, 품질, 가격, 납기에 문제가 없고 같은 조건이라면 우리 회사 PCB사업부를 우선적으로 활용하라"고 지시했다. 휴대폰 신모델에 들어가는 PCB의 경우 외부 업체에 발주하면 경쟁사에 정보가 누출될 위험도 있지 않느냐고도 말했다.

그다음에 내 후임 PCB사업부장에게는 "내가 단말생산담당이 되었다고 해서 욕심부리지 말고, 생산능력의 90%만 달라고 모바일커뮤니케이션사업본부의 PCB 구매 부서에 요청하라"고 당부했다. 괜히 욕심부려서 100% 달라고 했다가 차질이 생겨 다 공급하지 못하게 되면 빌미를 잡힌다고 설명했다.

그 부장은 PCB사업부장이었던 나를 힘들게 했을 뿐이지, 일을 책임감 있고 야무지게 했다. 그래서 내가 자신의 을에서 갑으로 탈바꿈하면서 긴장했던 그를 끌어줬다. LG이노텍에 부임하고 나니 그런 DNA를 가진 간부가 필요했다. 그래서 그 부장을 LG이노텍에 데려왔다. 또 LG화학에 부임하니 생산제품의 특성상 혁신과 속도에 있어 매우 보수적이었다. 그 친구를 다시 LG화학에 영입했다. 본디 나는 회사를 옮길 때 사람을 데려가지 않는다. 점령군 소리를 들을 수 있어서다. 그러나 그 친구는 유일한 예외였다. 악연이 될수도 있었던 갑을관계의 역전이었지만, 그 간부는 실력으로 내게 인정받아 경력을 확장할 수 있었다.

대기업 인사철이 되면 으레 들리는 소식이 예컨대 신임 사장이 임원진을 대거 물갈이했다는 인사 조치다. 나는 학연과 지연에 대해서는 비판적이지만, 인맥에 대해서는 중립적이다. 회사 일을 하다 보면 인맥이 생길 수밖에 없다. 누구나 경영진이 되면 자신이 아는 구성원들을 데려와서 함께 일하고자 한다. 그 구성원들의 강점과 약점을 잘 알기에 적재적소에 배치할 수 있고, 그 구성원들과 공유한 경험이 있기에 서로 업무를 원활하게 진행할 수 있기 때문이다. 따라서 CEO 교체에 따른 경영진 물갈이는 필요한 부분이 있다. 문제는 그 인사가 적재적소보다 학연이나 지연, 정실에 치우칠 때 발생한다.

명함의 힘

소니는 과거에 가전 시장을 선도하며 세계 최강자로 군림했다. 소니가 생산한 품목에는 비디오테이프도 있었다. 내가 LG전자의 레코딩미디어사업부장으로 일할 때, 소니에서도 레코딩미디어사업부가 비디오테이프를 제조했다. 소니의 레코딩미디어사업부는 주바치 료지中鉢良治 사업부장이 이끌고 있었다.

주바치 사업부장은 비디오테이프의 채산성 악화를 놓고 고심하고 있었다. 일본으로 가서 주바치 사업부장을 만났다. 여러 차례 만나서 협상을 진행했다. 결국 LG전자가 주문자상표부착생산^{OEM} 방식으로 비디오테이프를 만들어 소니에 납품하기로 했다. 그 이후 소니 브랜드의 비디오테이프는 전부 LG전자가 만든 것이었다.

이 납품 이후 웃지 못할 해프닝이 반복되었다. 소니 비디오테이프에는 AS 연락처로 LG전자의 도쿄사무소 주소가 적혀 있었다. 도쿄사무소에는 비디오테이프가 불량이라는 소비자 불만이 소포로 도착하곤 했다. 사무소에서 비디오테이프를 점검해보면 아무런 문제가 없는 경우가 많았다. 이런 일이 발생한 데는 소니 VTR에 대한 일본인들의 절대적인 신뢰와 한국산 비디오테이프에 대한 불신이 깔려 있었다. 즉 소니 VTR을 쓰는 많은 일본 소비자들은 VTR 헤드 등이 고장 나서 비디오테이프가 재생되지 않는데도 '소니 제품이 고장 났을 리는 없고, 비디오테이프가 문제일 것'이라고 추측했다는 얘기다.

이후 나는 PCB사업부를 거쳐 2005년 7월부터 모바일커뮤니케이션사업본부에서 일하고 있었다. 갑자기 소니에서 제조해 우리한테 공급하는 이미지센서 반도체의 물량이 부족하게 되었다. 휴대폰 신모델을 준비하면서 수요를 예측하고 그에 따라 반도체가 포함된 부품을 발주해놓는데, 당시 신모델이 예상보다 훨씬 잘 팔리면서 부품이 더 필요해진 상황이었다. 다른 부품도 문제였지만 특히 소니의 이미지센서가 부족했다.

김쌍수 부회장이 "당장 일본으로 날아가라"고 지시했다. "일본 회사는 상대편 회사에서 높은 직위의 사람이 와서 적극적으로 요청하면 조금이라도 성의를 보인다"고 설명했다. 바로 일본에 가서 소니의 반도체 부서에 찾아가 담당 임원을 만났다.

내게는 비장의 카드가 있었다. 주바치의 사업부장 명함이었다. 주바치 사업부장은 이후 승승장구해 부사장을 거쳐 2005년 3월에 사장으로 선임되어 재직하고 있었다. 반도체 담당 임원한테 주바치 사업부장의 명함을 보여주면서 "나는 주바치 사장과 오랜 친구"라고 운을 뗐다. "우리는 비디오테이프 OEM으로 사업상 협력했고, 계속 좋은 관계를 유지했다"고 말했다. 이어 "주바치 사장한테 오랜만에 인사해야겠다"고 했다. 사무적이던 반도체 담당 임원이 아연 긴장한 표정이었다. 우리보다 일본 조직문화는 위계를 중시하고, 윗사람과 관련된 일이라면 혹시나 그에게 심려를 끼칠까 봐 안절부절못한다. 전화를 붙들고 있던 반도체 담당 임원이 "지금 자리에 안 계시다"면서 잔뜩 미안한 표정을 지었다.

"언제쯤 오시느냐고 물어봐주십시오."

"왜 그러시는지 여쭤봐도 되겠습니까?"

"이미지센서에 대해 얘기하고 물량을 더 약속받을 생각입니다."

"아, 이미지센서 건입니까. 그렇다면 그 건은 제가 알아서 조치해

드리겠습니다."

명함 한 장 가져가서 이미지센서 부족 문제를 해결한 이야기였다.

세상 참 좁다

LG전자 PCB사업부장으로 일할 때 IBM 노트북 싱크패드에 PCB를 공급했다. IBM은 싱크패드를 중국에서 제조했고, LG전자로부터 PCB를 공급받는 업무를 담당하는 사무실은 홍콩에서 운영했다. 우리 회사 PCB는 단가가 너무 저렴했다. 그래서 IBM에 가격을 올려주거나, 그게 여의치 않다면 다른 공급업체를 찾으라고 통보했다. 그랬더니 IBM은 다른 업체를 물색할 말미를 달라면서 일정 시기까지만 공급해달라고 답변했다. 그렇게 합의가 이루어졌다. 그 과정에서 나는 홍콩에 출장 가서 IBM 임원들과 협상을 진행했다.

PCB사업부에서 단말생산담당을 거쳐 2010년에 LG이노텍으로 옮겨 부품소재사업본부장을 맡았다. 주요 고객이 애플이었다. 애플 아이폰에 들어가는 카메라모듈 공급 건이 컸다. 애플에서 온 간부들과 식사하면서 현안 외에 이런저런 이야기를 나누게 되었다. 그 중 한 간부가 애플에서 근무하기 전에 IBM에서 일했다고 말했다. 근무 시점과 부서를 더 좁힌 끝에, 내가 홍콩에서 PCB 비즈니스 상담을 벌일 때 그도 회의에 참석했고 식사도 함께했음을 알게 되었다. 우리는 이구동성으로 "세상 참 좁다"고 말하며 반가워했다.

"당시 LG전자에서 하던 PCB사업이 LG이노텍으로 넘어왔어요. 애플 스마트폰에 들어가는 PCB를 공급하기를 희망합니다."

스마트폰용 PCB는 빌드업 유형이고 고밀도여서 부가가치가 크다. 그렇지만 별 기대를 하지 않은 채 한마디 했을 뿐이었다. 그런데 본사로 돌아간 그가 엔지니어를 파견했다. 엔지니어가 청주 공장을 실사했다. 그렇게 연결돼 거래가 성사되었고, 한동안 LG이노텍은 애플에 스마트폰용 빌드업 PCB를 공급했다.

호의로 돌아온 호의

미국 애질런트테크놀로지스는 세계적인 측정 서비스 회사다. 1999년 휴렛팩커드에서 분사해 설립되었다. 애질런트는 반도체도 제조·판매했고, LG전자 모바일커뮤니케이션사업본부는 그 고객사였다.

내가 생산담당일 때였다. 애질런트의 마케팅 담당 임원인 브라이언이 불쑥 내게 전화했다.

"이 부사장님, 갑자기 연락하게 되었습니다. 다름 아니라, 지금 임원 실적평가 기간인데 내가 올해 사업계획의 판매 목표를 달성하지 못할 것 같습니다. 그렇게 되면 내년에는 이 회사에 다니지 못하게 될 듯합니다."

그는 내게 재고 물량 중 목표 달성에 도움이 될 정도의 물량을 LG전자의 모바일커뮤니케이션사업본부가 구매해줄 수 있겠느냐고 완곡하게 문의했다. 내가 맡은 생산담당 산하에는 당연히 구매도 있었다. 그가 팔고자 하는 물량은 금액으로 10억 원이 되지 않았다. 휴대폰에 들어가는 반도체 전체에 비하면 작은 규모였다. 휴대폰에 들어가는 반도체는 가짓수도 많았고 물량도 많았다. 그중 애질런트의 비중은 작았다.

도와줘야 한다고 판단했다. 재고를 받아줬다. 그에 대한 개인적인 우정에 기운 판단은 아니었다. 반도체 수급 측면에서 브라이언과 그가 속한 애질런트하고 맺은 인연을 고려해서였다. 반도체는 잘 알려진 대로 경기 사이클이 뚜렷하다. 경기에 따라 수급이 정반대로 바뀌곤 한다. 한동안 공급이 넘쳐나서 가격이 하락하고 제조업체들이 판로 확보에 애를 먹는가 하면, 그 시기가 지나면 반대로 공급이 달리고 값이 급등한다. 게다가 애질런트는 과거에 반도체 공급이 부족했을 때 LG전자에 물량을 우선 배정해준 적이 있었다고 담당자가 말했다.

그를 도와준 후 한동안 그 일을 잊고 있었다. 2010년에 LG이노텍에 옮겨 부품소재사업본부장으로 근무했다. LG이노텍 사업에는 반도체용 패키지가 있다. 반도체용 패키지의 고객은 반도체 회사다. LG이노텍의 반도체용 패키지 사업은 고전 중이었다. 브라이언이 떠올랐다. 애질런트의 반도체 사업 부문은 아바고테크놀로지스에 인수되었고, 브라이언은 아바고에서 잘 근무하고 있었다. 이번에는 내가 그에게 전화해 "내가 이제 LG이노텍에서 일하고 있으니, 우리 회사의 반도체용 패키지를 구매해달라"고 했다.

반도체용 패키지를 반도체 회사에 공급하는 것은 어려운 일이다. 엄격한 테스트를 통과해야 하고 시일도 오래 걸린다. 그런 일에 브라이언이 발 벗고 나섰다. 나와 LG이노텍은 그 덕분에 넓지 않으나마 판로를 하나 열 수 있었다. 대가를 바라지 않았지만, 몇 년의 시차를 두고 보답이 돌아온 것이었다.

'우리는 언젠가 다시 만난다.' 내가 살아오면서 염두에 둔 말이다. 시일이 지난 뒤에 내가 찾아서 만날 수도 있지만, 묘한 인연으로 다시 만나게 되는 경우도 많다. 물론 한 번 만나고 다시 보지 않게 되는 사람들도 있지만. 우리는 언젠가 다시 만난다. 그래서 나는 사람을 만날 때 그가 다시 나를 만나면 반가워할 수 있는 존재가 되고자 했다.

부모도 자식을
다 모른다

둘째인 아들 이이경은 고등학교 2학년 때 공부를 그만두겠다고 선언했다. 충격을 받았다. 아들의 마음이 학업에서 떠나 방황하고 있다는 사실은 알고 있었지만, 자퇴를 예상하지는 못했다. 그러나 나는 순순히 그러라고 했다. 공부가 자신의 적성과 거리가 멀다면 공부에 매달리게 할 이유가 없다고 판단한 것이다. 아들은 고교를 자퇴했다.

아들은 충청북도 청주에서 태어났다. 내가 1988년 LG전자 레코딩미디어사업부의 청주 공장으로 발령받아 근무하면서 얻은 둘째 아이다. 아들은 청주에서 초등학교, 중학교를 졸업했다. 그리고 고등학교에 다니다가 자퇴한 것이다.

나는 누군가 나를 믿고 맡겨줄 때 최선을 다하는 스타일이다. 그런 만큼 아이들에 대해서도 어릴 때부터 그들의 뜻을 최대한 존중했다. 첫째인 딸과 둘째인 아들 모두에게 어릴 때부터 공부하라고 다그치지 않았다. 각자 하고 싶은 활동이 있다고 하면 학원에 보내줬다. 공부에 대해서는 아내도 아이들을 압박하지 않았다. 다만 아이들이 교과서 이외에 폭넓게 책을 읽으면 좋겠다고 생각해 독서를 권했다. 강요하는 대신 용돈이라는 유인책을 제시했다. 초등학생 권장도서를 집에 들여놓고, 아이들이 읽고 독후감을 쓰면 용돈을 줬다. 첫째인 딸보다 아들이 독후감을 잘 썼다. 흐뭇해하던 것도 잠시, 얼마 지나지 않아 진실을 알게 되었다. 딸은 성실히 책을 읽고 스스로 독후감을 쓴 반면, 아들은 책을 읽지 않고 인터넷에서 독후감을 베껴 적은 것이었다.

게임에 빠져든 아들

중학생 때 아들은 스타크래프트 게임에 빠졌다. 아들이 게임만 하지 않도록 하기 위해서 온갖 방법을 썼지만 통하지 않았다. 그때 여수에서 월드 사이버게임즈라는 대회에 참가할 선수를 선발하는 대회가 열렸다. 아들은 친구들 사이에서 게임을 잘한다고 인정받는다고 했다. 대회 예선에 참가해 1,028등 안에 들었다. 여수대회는 1,028명 가운데 국가대표를 선발하는 경기였다. 게임을 모르긴 하지만, 나와 아내가 볼 때 아들은 프로 게이머가 될 만큼 뛰어나지는 않았다. 아내와 상의한 뒤 딸과 아들을 불러 얘기했다.

"이번에 이경이가 여수 게임대회에 참가한다는데, 우리 가족이 다 가서 응원하자."

뜻밖의 제안에 아내와 딸의 눈이 휘둥그레졌다. 물론 아들이 더 놀랐지만 말이다.

"대신 조건을 걸자. 우선 이경아, 너 이번에 몇 등 할 것 같냐?"

"못해도 100등 안에는 들 것 같아요."

"그래. 그런데 만약에 네가 원하는 등수에 못 들면 어떻게 할래?"

"그렇게 되면 게임을 더 이상 안 할게요."

"오케이. 등수 안에 들면 적극적으로 밀어주마. 등수 안에 못 들면 게임은 취미로만 하는 거다."

"알겠어요."

가족은 대회 전날 여수에 도착해 다음 날 대회장인 여수실내체육관에 갔다. 그런데 조 추첨 결과 아들이 첫째 경기에서 부전승을 거뒀다. 아들은 환호성을 질렀다. 세 번 정도 이기면 100등 안에 들 수 있게 된 것이었다. 아들은 두 번째 경기에서 바로 졌다. 나와 아내는 겉으로 내색하지 않으려 했지만, 속으로는 안도했다. 아들은 대회 후 "내가 게임을 제일 잘하는 줄 알았는데, 우물 안 개구리였어요"라며 게임을 더 이상 안 하겠다고 말했다.

고등학교를 자퇴하다

아들은 게임은 줄였지만, 공부에 마음을 붙이지는 못했다. 나는 아침 일찍 출근하고 밤늦게 퇴근해서 그런 사정을 잘 알지 못하다가 아내가 귀띔해서 알게 되었다. 하루는 다른 외부 일정이 있어 평소보다 늦게 출근하는데 우연히 아들이 아내와 얘기하는 것을 듣게 되었다. 아들은 학교에 가기 싫다며 떼쓰고 있었고 아내는 학교에 가야 한다고 달래고 있는 것이었다. 아들이 요즘 우울해하며 힘들어하고 있다는 것을 평소에 아내한테 조금씩 들어서 어렴풋이 알고는 있었지만, 이 정도인 줄은 몰랐다. 회사 일로 신경을 많이 쓰는 나를 위해 아내가 아들 얘기를 될 수 있는 대로 삼가고 있었다는 것을 순간 깨달았다. 아들 일을 너무 아내한테만 떠맡긴 게 아닌가 하고 아내한테 너무 미안한 마음이 들었다. 아들을 불렀다.

"학교 그만두고 싶어한다며? 정말 공부하기 싫은 거야?"

아들은 "네"라고 대답했다. 아들 얼굴을 보니 내가 어떻게 반응할지 두려워하는 것 같았다. 나는 일단 알았으니 그날은 아들에게 쉬라고 했다. 아내에게는 학교 담임 선생님을 만나 이야기를 나눈 후에 결정을 내리자고 말했다. 그날 업무를 마치고 아내와 함께 학교로 가서 담임 선생님을 만나 상담을 나눴다. 고민 끝에 나는 결국 아들을 자퇴시키기로 결심했다. 집에 돌아와서는 아들에게 그만두는 게 좋을 것 같다고 말해주고 앞으로 뭘 할지 시간을 두고 생각해보자고 했다.

자퇴를 받아들인 내 생각은 앞에 설명한 대로다. 아들이 여러 가지를 경험하게 한 뒤 자신의 성향과 재능을 찾아가게 하기로 했다. 나중에 읽게 된 책에서 아들의 자퇴를 받아들인 내 결정이 적절했음을 확인할 수 있었다. 철학자 최진석 교수가 쓴 『인간이 그리는 무늬』였다. 최 교수는 이 책의 한 대목에서 공자와 노자를 비교했다. 그에 따르면 공자는 인간들 가운데 가장 훌륭한 인간인 성인들이 만들고 사회적 합의에 따라 공인된 바람직한 틀, 반드시 그래야 한다는 원칙, 좋다고 하는 것을 모든 사람이 따라야 한다고 주장했다. 노자는 공자와 정반대였다. 노자는 바람직한 일보다는 바라는 일을 하고, 해야 하는 일보다는 하고 싶은 일을 하며, 좋은 일보다는 좋아하는 일을 해야 한다고 말했다. 최 교수는 노자의 가르침을 "보편적 이성에서 벗어나 개별적 욕망에 집중하라"는 문장으로 요약했다. 이어 "개별적 욕망에 집중해야 멋대로 할 수 있고, 멋대로 해야 잘할 수 있다"고 권했다.

그때가 2005년이었다. 그해 7월 나는 모바일커뮤니케이션사업본부의 단말생산담당으로 발령받았다. 휴대폰 공장은 평택에 있었다. 청주 생활 17년을 접고 평택과 가까운 용인으로 이사했다. 아들은 용인에서도 매일 집에서 놀았다. 그러다가 무슨 목표가 생겼는지 검정고시를 준비하겠다고 했다. 아들은 노량진 옥탑방에서 혼자 지내며 검정고시를 준비해 통과한 뒤 2007년 체육대학에 진학했다. 그런데 공부를 하다가 또 적성에 맞지 않는다고 말했다. 나는 아들에게 캐나다에 어학연수를 가보라고 권했다. 여름방학 때 한두 달 하는 어학연수 과정이었다. 영어는 평생 사용하는 언어이니 공부해두면 좋을 것이라면서 말이다. "영어를 못하는데 어떻게 해외 어학연수를 가느냐?" 하는 아들을 계속 설득했다. 다양한 경험을 통해 아들이 앞으로 무엇을 할 것인지 스스로 결정하는 기회를 주고 싶어서였다.

자기 무늬를 그리기 시작하다

그렇게 캐나다에 간 아들이 갑자기 전화했다.

"여기가 좋아서 계속 지내고 싶어요."

"기본적으로 학교는 졸업해야 한다. 거기 있어 봐야 고등학교 졸업장으로는 네가 할 수 있는 일이 한계가 있다. 대학은 졸업해라. 그리고 군대를 다녀와야 한다. 대한민국에서는 군대 미필이면 모든 활동에 걸림돌이 된다."

캐나다에서 부모와 떨어져 지내다 돌아온 아들은 학교를 그만두고 다른 대학의 다른 전공으로 다시 진학하고 싶다고 했다. 아직 마음을 못 잡고 우왕좌왕하는 것 같아 그렇다면 군대를 다녀오라고 했다. 아들은 군 복무를 마치고 2학년에 복학했다. 그리고 선언했다.

"연기자가 되고 싶어요."

"뭐?"

"대학 연기과에 가려고 해요."

알고 보니 군대에서 드라마 〈아이리스〉를 보며 연기에 관심을 갖게 된 것이다. 솔직히 나는 다른 진로에 대해서는 별 편견이 없었지만, 연기는 마뜩잖았다. 나는 어릴 때 아나운서를 꿈꾸기는 했지만, 연기자는 그것과 전혀 다르다고 생각했다. 말리려고 했다.

"연기를 하려면 그 많은 대사를 외워야 하는데, 너 암기 잘 못 하잖아?"

"관심 없는 공부의 암기랑 좋아하는 연기의 암기는 다르죠."

아들은 고집을 부렸다.

부모도 자식을 다 모른다

―

연기를 하려면 집을 나가라고 했다. 아들은 바로 가출했다. 며칠이 지나도 귀가하지 않았다. 걱정이 된 아내가 연락했고, 내가 아들을 밖에서 만났다.

"너 정말 연기자가 되고 싶은 거냐?

"네."

"그럼 실행 계획이 뭐냐?

"공부를 새로 해서 서울예술대학교 연기과에 갈 거예요."

"좋다. 그럼 올해 입시에서 합격하면 그 길을 가라. 그러나 만약에 불합격할 경우 다시 이전 대학에 복학해 공부를 마쳐라. 그래야 어디라도 취업을 할 수 있으니까."

연기과 진학을 준비하려면 연기학원도 다니고 체육관도 다녀야 한다고 했다. 그래서 학원비와 제반 비용을 도와주기로 했다. 그때가 2010년 5월 무렵이었다. 입시가 얼마 남지 않은 시기였다. 아들은 다시 옥탑방에서 지내면서 예비 연기자 훈련을 본격적으로 했다. 나중에 알고 보니, 연기학원과 체육관 외에 음악학원, 무용학원도 다녔다고 했다. 추가로 필요한 비용은 아르바이트해서 충당했다. 그리고 첫 연기과 입시에서 서울예대에 덜컥 합격했다.

오랜 방황과 모색 끝에 자신의 적성에 맞는 일을 찾아서 하게 된

아들. 나는 두 가지를 돌아보게 된다. 첫째, 나는 다소 보수적이었다. LG의 경영자이다 보니 남의 시선도 의식했다. 그래서 아들이 연기자가 되는 선택을 만류하려고 했다. 둘째, 부모이지만 자식의 성향과 재능을 몰랐다. 아들이 어렸을 때 친구들과 가족 모임을 여러 차례 했다. 저녁을 먹고 부모는 부모들끼리, 아이들은 아이들끼리 어울리는 시간이면, 아들은 늘 앞에 나서서 모임을 이끌고 있었다. 타고난 끼가 있었던 것이다. 부모는 자식을 안다고 생각하지만, 어쩌면 제삼자가 더 잘 알 수 있다.

직장생활도 마찬가지다. 부모도 자식을 모르는데 생판 남을 어찌 다 알겠는가. 구성원의 성향과 재능은 겉으로 드러나는 태도나 숫자로는 판단하기 어렵다. 조직에서 리더가 해야 할 일은 통제나 지시가 아니라, 각자의 가능성을 발견할 수 있도록 '공간'을 열어주는 것이다. 자식이 자기 무늬를 찾아갈 시간을 준 것처럼, 직원에게도 자신만의 무늬를 그릴 자유와 책임을 주어야 한다. 그 자유 속에서 어떤 이는 예상치 못한 역량을 보여주고, 또 어떤 이는 스스로 길을 찾아 나선다. 리더는 그 과정을 믿고 기다릴 줄 알아야 한다. 조직의 성장도 결국 사람의 성장에서 비롯된다는 사실을, 나는 아들의 방황과 선택을 통해 배웠다.

제6장

강점의 리더십: 당신의 조직을 강점으로 이끌어라

'누구나 강점이 있다'는 것,
이 관점이 조직문화를 바꾸는 촉매가 된다.

열정적이고 추진력이 강하며 책임감이 투철한 사람의 약점은 무엇인가? 신중하고 생각이 깊으며 분석에 능한 사람의 약점은 무엇인가?

나는 사람 만나는 것에 거리낌이 없고 교류와 소통에 능하다. 반복적이고 절차와 형식이 중요한 서류 작업에는 비교적 취약하다. 성공적인 직장생활을 위해 나는 내 강점을 살리는 것과 약점을 보완하는 것 중 어디에 중점을 두어야 할까?

나의 강점은
무엇인가?

이 장에는 내 경험에 비추어 '강점 조직'을 만드는 데 도움이 되는 내용을 추려 담았다. 내가 나의 강점을 찾고 그것들을 내 삶과 내 조직에 어떻게 적용했는지, 어떤 결과를 끌어냈는지, 그리고 수많은 개인과 조직을 대상으로 강점 코칭을 하며 느꼈던 것들을 담은 이 장이 독자 여러분의 삶과 조직을 변화시키는 데 도움이 되기를 바란다.●

●이 장의 내용은 『무엇이 우리를 행복하게 하는가』(톰 리스, 짐 하터 지음, 유영만 옮김, 2014, 위너스북), 『강점으로 이끌어라』(짐 클리프턴, 짐 하터 지음, 고현숙 옮김, 2020, 김영사), 『위대한 나의 발견 강점 혁명』(갤럽 프레스 지음, 2021, 청림출판) 등의 책을 참고하였다.

당신은 말이 많은 편입니다. 당신은 자신의 모험담이나 직업에 관한 경험을 자세하게 들려주는 편입니다. 당신은 대개 자기 생각을 쉽게 말로 표현합니다. 대화도 잘하고 발표에도 능합니다. 당신은 이야기를 통해 추상적인 아이디어나 이론, 개념을 알기 쉽게 설명할 수 있습니다. 그러한 이야기는 해야 할 일과 하지 말아야 할 일의 예시가 될 수 있습니다. 의도한 목적과 관계없이 당신의 이야기는 일반적으로 듣는 사람을 즐겁게 합니다.

이는 클리프턴 강점 진단 Clifton Strengths assessment에서 파악한 나의 재능과 성향 중 일부다.

클리프턴 강점 진단이란 미국 갤럽 사 Gallup에서 약 30년 동안 각 분야에서 가장 뛰어난 200만 명을 인터뷰한 결과를 바탕으로 개발한, 자신의 타고난 재능과 강점을 찾을 수 있도록 도와주는 자기 발견 프로그램이다. 빅데이터를 기반으로 진단 항목을 설계하고 답변을 분석하기 때문에 다른 어떤 조사보다 신청자의 강점을 정확하게 파악하는 것으로 평가된다. 지금까지 100개 이상의 국가에서 2500만 명 이상이 이 가이드를 통해 자신의 강점을 발견하고 활용했다.

클리프턴 강점 진단은 도널드 클리프턴 갤럽 회장*이 개발했다. 해당 진단은 34가지 테마로 이뤄진다. 개발, 개별화, 공감, 공정성,

긍정, 미래지향, 발상, 배움, 복구, 분석, 사교성, 성취, 수집, 승부, 신념, 심사숙고, 연결성, 자기 확신, 적응, 전략, 절친, 정리, 존재감, 주도력, 지적 사고, 집중, 책임, 체계, 최상화, 커뮤니케이션, 포용, 행동, 화합, 회고가 그것이다. 테스트를 통해 개인은 위에 열거한 34가지 테마 중 자신의 상위 5개 테마가 무엇인지 알 수 있게 된다.

'클리프턴 강점 진단'은 일반적인 성격 혹은 행동 진단과 달리, 우리에게 이미 존재하는 잠재력이 무엇이며 삶과 일에 어떻게 적용되는지, 즉 자신에 대해 알게 한다. 자기 인식이 높아지면 우리는 성공하기 위해 나 아닌 다른 사람이 되고자 하는 수고를 멈추고 진정한 자신이 되는 데 자신감을 갖게 된다.

온라인을 통해 클리프턴 진단을 진행하고 나면 종합적인 강점 심층 이해 및 실행 기획 가이드를 포함한 맞춤 리포트와 도구를 사용할 수 있게 된다. 강점 진단을 마치면 자신의 테마에 관한 정보가 수록된 리포트를 받는데, 이를 통해 자신의 테마를 집중적으로 살펴보고 자신의 지배적 재능에 대해서 알아볼 기회를 얻을 수 있다. 이렇게 발견한 재능은 자연스럽게 생각하고, 느끼고, 행동하는 방식이며 강점 개발의 기반이 된다.

●Donald O. Clifton(1924~2003). 미국의 심리학자이자 기업가. 셀렉션 리서치를 설립한 후 갤럽을 인수·합병하여 회장이 되었다. 1999년 클리프턴 강점 진단을 개발했다.

강점 진단으로 알게 된 '객관적인 나'

—

나는 환갑이 넘은 2020년 2월 3일 클리프턴 강점34 진단을 받았다. 강점 진단을 마치자 4종류의 보고서를 받았는데, 나의 강점 34 결과 보고서 Clifton Strengths 34 Report, 강점 심층 이해 가이드 Strengths Insight Guide, 대표 특성 보고서 Signature Theme Report, 특성 순서 보고서 Theme Sequence Report가 그것이다. 대표 특성 보고서는 진단으로 측정된 34개의 특성을 측정값이 높은 순서대로 나열하는데, 이 중 가장 높은 특성 5가지를 어떻게 발휘하면 좋을지 조언한다. 나의 상위 5개 테마는 절친, 화합, 존재감, 커뮤니케이션, 집중이었는데, 예상하지 못한 것도 있었고 '아, 맞네' 싶은 것도 있었다. 하나씩 간단하게 살펴보자.

절친

내 첫째 테마는 '절친'이다. '절친'과 대조적인 '사교성'은 14번째 테마로 나왔다. 대표 특성 보고서는 이와 관련해 "당신은 이미 알고 있는 사람들에게 더 큰 관심을 느낀다"고 설명했다. 그렇다고 당신이 꼭 새로운 사람을 만나기를 피한다는 뜻은 아니라는 단서를 달았지만, 바로 '나'라는 생각이 들었다. 친한 친구들에게서 많은 기쁨과 힘을 얻는 나는 가까운 사람들과의 인연을 중시했고 오랫동안 관계를 키워갔다. 그 인연은 회사 생활을 하면서 얻어지기도 했다.

일례가 일본 사업가 고故 우르가 히데키宇留賀英明 사장이다. 우르가는 나와 처음 만난 1985년, 계측기 회사인 에이코소키榮測器에서 엔지니어로 근무하고 있었다. 나는 LG전자 레코딩미디어사업부의 설비구매 담당이었다. 에이코소키는 비디오테이프 원단의 품질을 측정하는 계측기를 제조했고, 그는 그 계측기의 유지보수를 담당했다. 그는 나와 친해졌다. 나이는 나보다 15세 위였다. 한국 음식을 좋아했고, 특히 소주와 삼겹살을 즐겼다. 그가 청주 공장을 방문해 일을 마치면 우리는 삼겹살 안주에 소주잔을 기울이곤 했다.

우리의 인연은 내가 레코딩미디어사업부를 떠난 뒤에도 이어졌다. 그는 나를 자신의 고향인 마쓰야마松山에 초대하기도 했다. 우리는 일본 알프스를 함께 등산했다. 우리 가족은 그에 대한 답례로 그의 가족을 제주도로 초대했다. 그는 한라산 정상에 올라 백록담을 구경했다. 내가 연암공대 총장 때에는 학교가 있는 진주를 방문했을 뿐 아니라, 장학금도 기탁했다. 나와의 우정이 한국인에 대한 애정으로 커졌다는 생각에 감사하고 감동했다.

가장 기억에 남는 일은 그가 2018년 자신의 딸 결혼식 때 나를 초대한 것이다. 일본의 결혼식은 양가가 친인척과 절친한 지인들만 초청해 소규모로 치른다. 그런데 그는 내게 신부 측 대표로 인사말을 해달라고 부탁했다. 하필 결혼식 날을 앞두고 발의 상처가 도졌다.

어린 시절 목욕탕에서 유리 조각을 밟고서 생긴 상처였다. 군대 시절 통증이 심해 유리를 빼냈는데, 그때도 유리 조각이 완전히 제거되지 않은 것이었다. 수술을 받은 나는 결혼식에 목발을 짚고 갔다. 그런 상태로 바다를 건너 결혼식 하객으로 참석해 인사말을 한 것은 내 오랜 친구에 대한 우정을 보여주기에 충분하지 않나 싶다.

우르가는 에이코소키에서 은퇴한 뒤 자신의 사업체 OBU를 설립해 아들과 함께 운영했다. OBU라는 회사명도 내가 작명해준 것이다. Operating Business Unit의 약칭이다. 그는 2019년 77세를 일기로 타계했다. 현재 OBU는 그의 아들이 승계해 경영하고 있다.

화합

강점 진단에서 나온 두 번째 테마는 '화합'이다. 보고서는 "화합은 당신의 중심 가치 가운데 하나"라면서 "갈등과 충돌에서 얻을 것이 거의 없다고 보기 때문에 갈등과 충돌을 최소한으로 줄이려고 한다"고 설명했다. 그리고 "우리 모두가 한 배를 타고 있으며 그 배가 우리가 가려는 곳에 이르도록 해야 한다고 생각한다"고 비유했다.

화합의 테마를 사용하여 성공한 경험은 레코딩미디어사업부장일 때의 일이 떠오른다. 레코딩미디어사업부 매각이 추진되었을 때 노조와 구성원 들은 동요했고 분위기는 격앙되었으며, 더러는 과격한 모습까지 보였다. 나는 회사와 노조 및 구성원들 사이에서 묵묵히 중재 역할을 했다. 결국 내 진심과 노력이 더해져 회사는 사업부 매각을 철회했다.

존재감

셋째 테마는 '존재감'이다. 내가 스스로 생각하는 가장 두드러진 내 특성이다. 보고서는 "당신은 열망이 강한 사람이며 자신의 열망을 중요하게 생각한다"며 "그래서 당신의 생활에는 목표와 성취해야 할 것들, 취득해야 할 자격으로 가득 차 있다"고 진단했다. 이 강점은 더 높은 곳을 향해 도전하게 하고 나를 평범한 수준에서 출중한 수준으로 계속 끌어올려줄 것이라고 예상했다. 내 직장생활에 부합하는 서술이었다. 이 강점의 특징은 자신이 어울리고 있는 사람들이 전문성을 갖추고 성공할 수 있도록 그들을 자극하는 것이라고 한다. 이 또한 내가 회사에서 간부로서 수행해온 역할을 잘 설명한다.

커뮤니케이션

네 번째 테마였던 '커뮤니케이션'이 바로 내가 예상하지 못했던 테마였다. 사업부장이 된 이후 18년 동안 직장에서 소통을 열심히 하다 보니 '커뮤니케이션'이 나의 강점이 된 것일까? 클리프턴 강점34 진단 이론에 따르면 재능은 어릴 때 가장 불안정하나 성인이 되면서 놀라울 정도로 일관성을 보인다고 한다. 그렇다면 나는 원래 커뮤니케이션에 재능이 있었다고 보아야 할 것이다. 돌이켜보니 내 어릴 적 꿈은 아나운서였다. 아나운서 중에서도 스포츠 캐스터가 되고 싶었다. 시간이 날 때마다 스포츠 캐스터가 돼서 스포츠 경기 중계 연습을 하던, 말하기를 무척 좋아했던 어린 내가 떠오른다.

나의 소통은 단지 말을 하는 것에만 국한되지 않았다. 조직 구조상 직원 개개인을 대면하기가 힘든 상황에서는 직접 글을 써서 전달하였다. 구성원들 전체를 대상으로 성과를 격려하는 편지를 썼고, 노조위원장에게는 긴급하거나 갈등의 원인이 된 현안을 잘 풀어가도록 협조해준 데 대해 감사의 편지를 썼다.

집중

다섯째 테마는 '집중'이다. 보고서는 "당신은 매년, 매월, 심지어는 매주 목표를 설정한다"고 파악했다. 이어 "그런 목표들은 당신의 나침반이 되어 우선순위를 정하고 필요한 경우 올바른 궤도로 돌아올 수 있도록 진로를 수정하는 데 도움을 준다"고 설명했다. 또 "당신의 '집중' 테마에는 강력한 힘이 있다"면서 "도움이 되지 않는 행동은 무시하도록 함으로써 당신을 효율적으로 만든다"고 분석했다.

나의 약점들

클리프턴 강점34 진단에서 34번째와 그에 가까운 순위의 특성은 내가 약한 것들이다. 나를 뜨끔하게 한 테마부터 살펴보면, '공감' 테마가 30번째였고, '포용' 테마가 28번째였다. 보고서는 두 테마를 각각 "다른 사람들의 인생이나 상황에 자신을 이입함으로써 그들의 감정을 느낄 수 있다"와 "다른 사람들을 잘 받아들이고 소외된 사람들을 의식하고 포용하기 위해 노력한다"로 설명했다.

34번째 테마는 '연결성'이다. 이 테마가 강한 사람들은 세상의 모든 것이 연결되어 있고 세상 거의 모든 일의 이면에는 이유가 있다고 믿는다고 한다. 내게는 이런 테마가 없는 게 확실하다. 33번째 테마는 '미래지향'이다. 이 특성이 강한 사람들은 "미래에 대한 생각과 가능성에서 영감을 얻고 미래에 대한 비전으로 사람들에게 영감을 준다"고 한다. 나는 그런 미래보다는 현재에 충실히 임함으로써 현실을 더 좋게 만들어가는 데 더 관심이 있다.

'지적 사고'가 32번째인 점은 뜻밖이었다. 그러나 설명을 듣고 이해하게 되었다. '지적 사고'란 내적 성찰과 지적인 토론을 즐기는 성향을 가리킨다. 그런데 나는 공장이 제대로 돌아가는 데 집중하면서 진두지휘하는 통에 야전사령관이란 별명이 따라다녔던 사람이다. 책상보다는 현장에서 근육을 키워온 터라 문제가 발생하면 현장으로 뛰어갔고, 주어진 짧은 시간 안에 최선의 해결책을 찾기 위해 골몰했다. 내적 성찰의 시간보다 내게 더 중요한 것은 당장의 솔루션이었던 것이다.

맹점을 이해하면 강점의 차원이 높아진다

앞서 클리프턴 강점34 진단으로 발견한 나의 강점과 약점들을 설명했다. 그런데 여기에는 한 가지 더 유념해야 할 사항이 있다. 진단에서 이야기하는 '약점'이란 자신이 잘할 수 있는 부분에 대하여 비교적 취약한 부분을 이른다. 약점과 더불어 주의해야 하는 한 가지가 자신의 강점을 발휘할 때 발생할 수 있는 부작용, 즉 강점의 맹점이다.

어떤 직원에 대하여 그의 상사나 동료들에게 장점을 묻자 열정적이고 추진력이 강하다고 답했다. 그런데 단점을 묻자 열정이 과하고 지나치게 서두른다는 답변이 돌아왔다. 강점이 곧 단점이 되었던 것이다. 나의 강점들을 예로 들면, '절친'의 경우 먼저 알던 사람과 돈독한 신뢰 관계를 쌓는 것이 강점이지만, 새로이 알게 된 사람에게 쉽사리 마음을 열지 않는다는 것이 맹점이다. '화합'은 갈등을 최소화하여 불필요한 충돌로 시간과 자원이 낭비되는 것을 막을 수 있지만, 갈등이 반드시 필요한 상황에서도 이를 회피함으로서 문제 해결을 지연시킬 수 있다. '존재감'은 자신과 주변 사람들을 더 높은 수준으로 끌어올릴 수 있지만, 성공에 대한 집착이 심해질 수 있고 약점을 감추며 다른 이들의 협력을 거부할 수 있다. 교류와 소통에 능한 강점을 가진 '커뮤니케이션'의 경우 행동보다 말이 앞설 수 있다는 점이 맹점으로 꼽힌다. '집중'은 일에 목표와 우선순위를 정함으로써 효율적인 업무를 가능하게 하는 강점에도 불구하고 강한 몰입으로 인해 변화하는 주변 상황을 알아차리지 못하거나 사람보다 일을 앞세우는 우를 범할 수 있다.

강점을 발휘하는 것은 양날의 검을 쓰는 것과 같다. 유용하지만 위험할 수 있다. 그러나 날카롭다고 칼을 쓰지 않고, 뜨겁다고 불을 쓰지 않는 요리사는 없다. 맹점까지 잘 이해하고서 주의 깊게 강점을 발휘한다면 성공적인 직장생활을 이룰 수 있을 것이다.

조직을 혁신하는
강점 코칭

코치로서의 내 첫걸음은 2011년 7월 LG이노텍 부품소재사업본부장 시절 한국코칭센터에서 일주일간 받은 코치 교육이었다. 허영호 사장은 새로 승진하는 임원들을 대상으로 코칭 교육을 받도록 하고 있었다.

코칭 과정 이후 코치로서 일정 시간을 채워 코치 활동을 하고 보고서를 제출하면 코치 자격증을 받는다. 그러나 나는 한국코칭센터에서 배운 마음가짐과 태도, 기법을 회사에서 활용하기 위해 노력했지, 코치 자격증을 따는 데에는 별 관심이 없었다. 당시 나는 50대 중반이었고, 경영자로서 갈 길이 아직 많이 남아 있었다.

LG이노텍 CEO가 되고 나서도 코칭 교육의 전통을 이어갔다. 임원 승진자는 일대일 코칭을 받게 했고, 사내 그룹 코칭도 진행했다. 나 역시 그룹 코칭을 받았다. 당시 LG이노텍 코칭을 담당한 분은 고현숙 코칭경영원 대표코치였다. 고 대표코치와 여러 차례 만나 임직원 코칭에 대해 이야기를 나눴다.

LG화학을 거쳐 2018년 연암공대 총장으로 부임했다. 대학이야말로 코칭이 필요한 곳이었다. 대학교수 및 직원과 학생 사이에는 나이와 경험에서 차이가 컸고, 그 간극을 넘어선 소통을 위해서는 코칭이 도움이 될 것이라고 생각했다. 고현숙 대표코치를 찾아갔다. 연암공대 교수와 직원들을 대상으로 한 코칭 교육에 대해 이야기를 나눴다. 그러던 중에 고 대표코치가 "새로 나온 프로그램이 있다"며 내게 갤럽의 '강점 코치 양성 과정'을 받아보라고 권했다.

코치로서 제2의 삶을 시작하다

일반적으로 코칭 과정에서 코치는 사전 자료 없이 상대방에게 질문하면서 진행한다. 예컨대 "요즘 하는 일이 무엇인가요?", "그 일이 잘되고 있나요?", "잘 안 되는 일은 무엇인가요?", "그 일에 지금 어떻게 대처하고 있나요?", "대처에 애로사항은 무엇인가요?", "기존 대처 외에 다른 방안은 없나요?", "그 대안을 시도할 의향이 있나요?" "그렇다면 대안을 실행해보고, 다음 시간에는 그 대안에 대해 이야기를 나누죠"라는 식으로 묻고 말한다.

코칭은 이처럼 질문을 통해 상대방의 내면에 있는 해결 방안을 끄집어내는 역할을 한다. 이 점에서 코칭은 티칭과 다르다. 코칭은 안에 있는 것을 밖으로 끌어내는 활동이고, 티칭은 밖에 있는 지식을 상대방의 안에 집어넣는 활동이다. 코칭이 '상대방의 내면에 있는 것을 끄집어낸다'라는 표현은 좀 더 정확히 설명할 필요가 있다. 코치는 질문을 통해 '상대방이 생각하면서 자신의 내면에 있는 해법을 스스로 끄집어내도록 돕는 역할'을 한다.

참고로, 갤럽의 강점 코칭은 클리프턴 강점 진단을 바탕으로 이루어진다. 코칭 신청자가 온라인으로 클리프턴 강점 진단을 마치면 자신에 대한 진단 보고서를 받는다. 진단 보고서는 코치에게도 공유된다.

고 대표코치에게 왜 강점 코칭이라고 하는지 물었다. 그는 강점 연구가 각 분야에서 어떤 사람들이 성공하는가 하는 의문에서 비롯되었다고 설명을 시작했다. 자료를 취합하고 분석한 결과 재능을 강점으로 키워 강점을 발휘하는 분야에 진출한 사람은 성과를 나타냈고, 자신의 재능과 맞지 않는 분야를 택한 사람은 성공하지 못했다. 조직도 마찬가지였다. 구성원들을 적재적소에 배치해 그들의 잠재 역량을 끌어낸 기업은 성공했지만, 그러지 못한 기업은 실패했다.

강점 코칭은 개인과 조직 모두를 대상으로 한다. 개인은 자신을 이해하고 자신의 강점을 충분히 발휘하는 방법을 조언받는다. 조직 관리자가 강점 코칭을 받으면 구성원의 다양성과 차별성을 이해하고, 그 이해를 바탕으로 구성원 각각이 자신이 강한 역량으로 조직에 기여하도록 유도할 수 있다. 강점 코칭 과정을 만들어 서비스하는 갤럽도 구성원들에 대한 강점 진단을 바탕으로 조직을 구성하고 운영한다.

클리프턴 강점 진단을 받아보고서 나는 내 셋째 테마인 '존재감'과 넷째 테마인 '커뮤니케이션'에 주목했다. '존재감'의 기본적인 성향은 '강한 열망과 성취욕'이고 추가적인 특성은 '주위 사람들의 성공 자극'이다. '커뮤니케이션'의 특성은 '이야기를 통해 추상적인 아이디어나 이론, 개념을 알기 쉽게 설명할 수 있다'는 것이다. 이 두 테마는 강점 코치로 활동하는 데 도움이 된다고 생각했다.

이어 닷새간 진행되는 강점 코치 양성 과정을 밟았다. 과정 이후 최소 6명의 개인 코칭을 수행하고 갤럽 인증 강점 코치 자격증을 받았다. 그리고 국내 갤럽 인증 강점 코치 약 400명의 일원이 되었다. 강점 코치로서 내 인생의 제2라운드가 시작된 것이다.

2020년 2월 말 '유비스컨설팅'이라는 이름으로 강점 코칭 활동을 시작했다. 유비는 내 이름의 영어 이니셜이다. 내 이니셜을 '더블유비WB' 대신 '유비UB'로 한 것은 발음하기 쉬운 것으로 하는 게 좋다는 조언을 따른 것이다.

2021년 말까지 개인 21명, 기업 구성원 282명을 코칭했다. 기업 대상 강점 코칭은 대개 CEO부터 시작해서 임원, 직원 순서로 진행한다. CEO 대상 강점 코칭은 경영 컨설팅을 겸하기도 한다. 생산과 품질, 연구개발, 마케팅 등 분야에서 내가 쌓아온 경험과 지식을 십분 활용해 도움을 주는 때가 적지 않고 보람도 크다.

직장인뿐 아니라 진로를 고민하는 대학생이나 고등학생에게도 강점 진단과 코칭은 유효하다. 강점 진단은 중학생 이후 평생 한 번만 받으면 된다. 타고난 재능은 거의 바뀌지 않기 때문이다. 왜 중학생 이후인가? 초등학교 때까지는 교육에 의해서 상위 강점의 순서가 조금 달라질 수 있기 때문이다. 물론 하위에 있던 특성이 위로 올라오는 식의 큰 변화는 일어나지 않는다. 예를 들어 차분히 생각하지 않는 아이가 자라면서 심사숙고형으로 바뀌는 사례는 거의 없다.

조직문화를 혁신하는 강점 코칭

—

'내가 더 일찍 강점 코칭을 알았다면 어땠을까?' 강점 코치로 활동하면서 자주 드는 아쉬움이다. "약점은 결코 강점이 되지 않지만 강점은 무한히 발전한다." 강점 코칭은 이 기본 정신에서 시작한다. 강점 코칭을 아는 경영자였다면 함께 일하는 구성원들의 재능을 파악하고 그들이 저마다 강점을 발휘하도록 더 효과적으로 도왔을 것이다. 구성원들의 업무 몰입도를 높여 성과도 향상되고, 전보다 행복한 회사생활이 되도록 말이다.

현업에 있을 때 나는 구성원들에게 약점을 개선하기를 요구하는 경향이 강했다. 그러나 지난 수십 년 동안 나 자신을 돌아봐도 약점을 개선하는 노력은 투자보다 성과가 미미했다. 그동안 내게 통하지 않는 변화를 다른 사람들한테 요구하고 있었던 것이다. 경영학자 피터 드러커는 "조직의 고유 목적은 (구성원들의) 강점을 생산적으로 만드는 것"이라고 설파한 바 있다. 그 고유 목적을 수행하는 조직은 구성원의 자아실현을 돕는 동시에 조직의 목표를 달성할 수 있다.

한국 사회는 자녀 양육과 직원 개발에서 오랫동안 약점 위주의 사고방식이 지배해왔다. 그런 문화 속에서 치열하게 우리 자신을 닦달하면서 성과를 이뤄왔다. 그 결과 스스로 자신감을 느끼기 어렵고, 일과 삶이 유리되고, 일터가 먹고살기 위해 노동하는 괴로운 곳이 되어버리고 마는 한계점에 봉착하게 된다. 따라서 지금이 바로 '강점을 기반으로, 몰입도에 초점을 맞추어, 지속적인 코칭'을 해나가는 원칙을 개인의 성장과 조직 개발에 도입해가야 할 적기라고 생각한다. 여기에 조직에서 활용할 수 있는 강점 코칭의 핵심을 간단히 소개하고자 한다.

조직을 대상으로 한 강점 코칭은 개별 진단과 면대면 코칭, 워크숍 순서로 진행한다. 첫 단계로 구성원들이 개별로 온라인 진단을 받고 나면 바로 본인의 4가지 진단 리포트를 받게 된다. 그들은 이를 숙독하면서 본인이 어떤 성향의 사람인지를 파악한다. '나는 누구인가? 나는 어떤 성향의 사람인가? 내가 그 성향을 알고 있는가? 아니면 아직도 인식하지 못하는가?'를 파악하며 자기 자신을 되돌아보는 시간이다. 두 번째 단계인 코치와의 일대일 코칭은 자신의 타고난 재능과 약점을 확실하게 인지하는 시간이다. 타고난 재능을 그동안 인식하고 활용하여 강점으로 만들어왔는지, 아니면 재능을 인식하지 못해 썩히고 있는지, 그리고 강점이 된 재능이 지금 적절하게 활용되고 있는지도 파악하게 된다. 구성원은 코치와의 일대일 코칭을 통해 자신을 재발견함으로써 자신을 받아들이게 된다.

마지막으로 워크숍 단계는 앞의 두 단계를 모두 거친 구성원들 전원이 참석하여 강점 인터뷰를 통해 상호 이해를 도모하는 시간이다. 본인의 강점을 참석자들에게 알리는 한편, 본인이 아직도 확신을 가지지 못한 재능에 대해서는 질문을 통해 상대방으로부터 피드백을 받는다. 이 과정에서 다른 사람의 재능도 파악하게 된다. 각 구성원이 받은 진단 중 잘 납득할 수 없는 특성이 있으면 그에 대해 워크숍 참가자들이 피드백을 준다. 지금까지 피드백은 대개 클리프턴 강점34 진단이 정확하다는 반응을 보여줬다. 그 경우 당사자는 자신이 몰랐던 자신의 강점을 재인식하고 그 특성을 최대한 끄집어낼 수 있게 된다. 그리고 서로의 강점을 인정함으로써 타인을 보는 관점을 개선하고 상호 다양성과 차별성을 이해하여 강점을 통한 시너지 효과를 노린다. 이는 향후 강점을 기반으로 업무분장과 협력을 도모하는, 즉 강점 기반의 조직문화를 구축하는 과정이다. 이런 공유 작업은 함께 일하는 사람들의 강점을 업무에 적용하도록 돕는다.

워크숍은 중간 관리자들에게 크게 도움이 된다. 구성원들의 재능과 성향을 파악해 적재적소에 배치함으로써 업무를 효율적으로 마칠 수 있기 때문이다. 또한 재능과 강점의 강력한 잠재력에 눈뜨게 되면 우리가 조직을 이끄는 방식, 구성원을 대하는 방식, 그들을 개발하는 방식이 극적으로 바뀔 것이다. 약점을 고치려는 시도 대신 강점을 최대한으로 활용하는 조직을 만드는 데 초점을 맞추면 효율성이 높아지기 때문이다. '누구나 강점이 있다'는 것, 이 관점이 조직문화를 바꾸는 촉매가 된다.

강점으로 이끌어라

강점 기반의 조직문화는 지속적인 성장을 견인하는 핵심 요소다. 여기에는 두 가지 전제가 있다. 하나는 세상천지에 '나'와 같은 사람은 한 명도 없다는 것이며, 둘째는 따라서 나만 잘해서는 성과를 내기 어렵다는 점이다. 직원 개개인의 강점을 파악하고, 강점 기반의 조직문화를 구축하여, 협업을 통한 팀워크를 향상시킴으로써 원팀으로서 움직이게 하는 것이 조직 강점 코칭의 목표다.

첫 번째 과제는 바로 리더가 '상사가 아닌 코치'가 되어야 함을 이해하는 것이다. "MZ세대 '3요 주의보'"라는 기사를 본 적이 있다. '3요'란 상사의 업무 지시에 '이걸요?' '제가요?' '왜요?'라고 되묻는 젊은 직원들의 반응을 일컫는 신조어다. 묻지도 따지지도 않고 상사의 지시를 따르는 문화가 익숙했던 기성세대에게는 이해하기 힘든 세태지만, 사실 이건 묻는 직원이 문제가 아니라 이런 질문이 나오게 한 조직문화가 문제다. 당연히 어떤 업무를 지시할 때는 해당 업무의 목적을 설명해주고, 업무를 통해 해당 직원이 낼 수 있는 성과를 설명해주고, 이 업무가 회사에 할 수 있는 기여를 설명해

주어야 한다. 그게 리더의 책임이다.

리더는 단순한 상사가 아니라 코치가 되어야 한다. 예를 들어 조직을 장악하겠다고 리더가 관리 감독을 강화한다고 해보자. 그럴수록 더 많은 관리 감독이 필요한 상황이 유발된다. 잠재력은 묻히고, 시키는 대로 일하는 데 익숙해진다. 사실상 예전에는 이런 조직들이 많았다.

반대로 리더가 코치가 되어 구성원들을 인정해주고, 스스로 해답을 찾도록 좋은 질문으로 자극을 주고, 말을 경청하며, 필요한 피드백을 제공하면 구성원들이 새로운 행동을 보이게 된다. 자기 내면의 지혜를 활용해 일에 적용시킨다.

사람을 성장시키는 것은 약점이 아니라 강점이다. 자신의 강점이 무엇인지 알려만 주어도 동기부여가 되어 스스로 성장할 수 있게 할 수 있다. 동기부여는 외적 동기부여와 내적 동기부여가 있다. 외적 동기부여는 사회적인 욕구(칭찬, 권위, 인정, 지위)나 물질적 욕구를 충족시켜주는 것이다. 이는 보통 단기적인 목표에 효율적이고, 지속적이지는 않으며 인위적이다. 반면 내적 동기부여는 자기 내면에 존재하는 내적인 욕망, 욕구, 열정, 사명감 등을 자극하는 것이다. 이런 내적 동기부여는 많은 노력이 필요한 목표 달성에 필수적인 동기부여 요소다. 스스로의 의미와 가치로 행동하는 것이기 때문에 상황을 점차적으로 변화시키지만 그 변화는 지속적이다.

임파워먼트와 인볼브먼트

여기에서 중요한 개념이 등장한다. 바로 임파워먼트empowerment, 즉 위임과 인볼브먼트involvement, 즉 개입이다. 임파워먼트란 em주다과 power권력라는 두 단어가 결합한 것으로, 부하직원이 자신의 능력을 100% 발휘할 수 있도록 권한을 부여하는 것을 말한다. 이때 권한을 주는 상급자와 권한을 받는 하급자 모두의 권한이 증대된다. 제로섬zero-sum이 아니라 포지티브 섬positive-sum이다.

포지티브 섬 임파워먼트는 단순한 위임이 아니라 리더십의 태도다. 또 일과 권한을 나누는 것은 직원을 성장시키는 훈련 과정인 대신에 경영자를 위한 시간과 에너지를 확보하는 방법이기도 하다. 이를 제대로 구현하려면 다음의 세 가지 원칙을 이해하고 지켜야 한다.

1. 방임과 위임을 구분하라

위임은 단순히 '맡기는 것'이 아니라 '신뢰 속에서 함께 관리한다'는 뜻이다. 방임은 결과에 책임을 지지 않는 것이고, 위임은 결과의 책임을 공유하는 것이다. 위임했다는 핑계로 리더가 전혀 개입하지 않는 것은 자유가 아니라 방치다.

2. 부하직원의 역량에 맞게 위임하라

위임은 '평등한 분배'가 아니라 '적정한 배분'이다. 구성원의 경험, 기술, 몰입 수준을 고려해 맞춤형으로 위임해야 한다. 역량보다 과한 위임은 실패를 낳고, 너무 적은 위임은 성장을 가로막는다.

3. 작은 성공을 쌓아가며 위임과 수준을 높여가라

처음부터 큰 과제를 맡기기보다는 작은 성공을 반복해 신뢰를 축적해야 한다. 이 성공의 경험이 리더와 구성원 모두에게 자신감을 주며, 점진적으로 더 큰 책임과 자율을 위임할 수 있는 기반이 된다.

다음으로 인볼브먼트는 부하직원이 업무를 더욱 잘할 수 있도록, 그가 지닌 힘을 발견해내고 그 힘을 확장하도록 코칭하고 티칭하며 조언하는 것을 말한다. 역량과 주도성이 부족한 구성원에게는 적절한 인볼브먼트가 필요하다.

인볼브먼트의 핵심은 '함께 성장하는 개입'이다. 리더가 구성원의 업무 과정에 적극적으로 참여한다고 해서 모든 것을 대신하거나 간섭하는 것은 아니다. 중요한 것은 방향을 제시하고, 문제해결의 논리를 함께 탐색하며, 구성원이 스스로 답을 찾게 돕는 것이다. 인볼브먼트는 '가르침'이라기보다는 '관심'이며, '통제'보다는 '지원'에 무게를 둔다. 구성원의 행동 하나하나에 피드백을 제공하고, 그 속에서 배움의 기회를 포착하도록 이끄는 과정이다.

또한 인볼브먼트는 조직의 학습 문화와 직결된다. 리더가 현장을 이해하고, 구성원의 어려움을 경청하며, 문제를 함께 해결하는 순간 조직은 스스로 학습하는 시스템으로 진화한다. 반대로 리더가 '나는 이미 답을 알고 있다'는 태도를 견지하면, 구성원은 판단력을 잃고 수동적으로 변한다. 좋은 인볼브먼트는 '내가 널 도와줄게'가 아니라 '우리가 함께 해결하자'는 신호다. 리더가 적극적으로 개입하되, 개입의 목적이 도움이 아닌 성장임을 잊지 않는 것, 그것이 진정한 인볼브먼트다.

몰입도 높은
강점 조직 만들기

　리더는 구성원을 이끄는 '리더'인 동시에 최고경영자를 지원하는 '팔로어'다. 많은 경우 간과하는 것 중 하나가 '훌륭한 팔로어가 훌륭한 리더'라는 점이다. 리더와 팔로어의 관계는 '파트너십'이어야 한다.

　팔로어십에서 가장 중요한 것은 파트너로서 팔로어는 리더의 지시에 따르는 것에 그치지 말고 더 나은 대안을 모색하며 리더에 직언할 수 있어야 한다는 점이다. 진정한 팔로어십은 수동적 복종이 아니라 능동적 협력이다. 훌륭한 팔로어는 조직의 목표를 자기 일처럼 내면화하고, 리더의 판단을 보완하며, 때로는 리더가 보지 못한 위험과 가능성을 먼저 포착한다. 리더는 방향을 제시하지만, 그 방향을 현실로 구현하는 것은 팔로어의 통찰과 실행력이다. 따라서 리더와 팔로어의 관계는 위계가 아닌 상호작용의 구조로 이해되어야 한다. 리더가 권위를 내려놓을 때 팔로어는 책임을 자발적으로 떠안고, 그때 조직은 진정한 의미의 자율성과 신뢰 위에서 움직이게 된다.

조직 안에서 팔로어십은 '윗사람에게 잘 보이는 기술'이 아니라 리더를 효과적으로 지원하며 조직의 성과를 함께 만들어가는 전략적 역할이다. 예컨대 리더의 의도를 읽고 선제적으로 자료를 준비하거나, 문제의 본질을 짚어 대안을 제시하는 행동은 수동적 복종이 아니라 주도적 협업이다. 훌륭한 팔로어는 상사의 빈틈을 메우는 사람이 아니라, 리더가 더 큰 판단에 집중할 수 있도록 구조를 정리해주는 사람이다. 이런 팔로어가 있을 때 조직은 리더 한 사람의 역량을 넘어서는 집단지성을 발휘하게 된다.

참고로, 구글이 밝힌 좋은 리더의 조건을 소개한다.

1. 좋은 코치 역할을 한다.
2. 팀원들에게 권한을 주고 사소한 일까지 관리하지 않는다.
3. 팀원들의 성공과 행복에 관심을 준다.
4. 생산적이고 결과 지향적이다.

5. 팀원들과 소통을 잘한다.

6. 팀원들의 경력개발을 돕는다.

7. 팀에 대한 명확한 비전과 전략을 갖고 있다.

8. 팀원들에게 조언할 수 있는 전문성을 갖고 있다.

출처: 2009년 '구글의 산소 프로젝트'

리더의 시간관리

리더의 시간관리와 관련해 내가 매일같이 새기는 말이 있다.

> 버릴 것은 버리고
> 전달할 것은 전달하고,
> 처리할 것은 당장 처리하고
> 장기적으로 관리해야 할 것은 파일링해서 축적하라.
> – 스테파니 윈스턴

리더는 습관처럼 매일 아침 이런 질문을 던져야 한다.

첫째, 버릴 것은 무엇인가? 일단 버려야 숨 돌릴 공간이 생긴다. 매일의 스케줄이 꽉 차 있다면, 새로운 무언가를 생각할 틈이 없다.

둘째, 전달할 것은 무엇인가? 조직 총량의 법칙을 명심해야 한다. 리더가 직원의 일하는 방식이 마음에 안 든다고 그들의 일을 도맡아 하는 경우가 있는데, 그럴수록 직원들은 수수방관하게 된다. 책임과 권한을 알맞은 사람에게 넘기고 위임하라. 리더가 생산성을 높이는 비결은 오직 '일과 사람과 시간의 분배'를 잘하는 것이다.

셋째, 당장 처리해야 할 일은 무엇인가? 신속한 의사결정과 조급한 의사결정의 차이는 무엇일까? 이는 평소 자신의 의사결정을 위한 원칙과 기준을 만들어놓았는지 여부에 따라 갈린다. 원칙을 세워놓으면 판단이 빨라진다.

넷째, 파일링해서 장기 집중해야 할 것은 무엇인가? 단기 성과에 치우치다 보면 장기 목표를 놓치기 쉽다. 그날그날의 긴급한 일들을 처리하느라 장기 목표를 소홀히 하는 실수를 피하기 위해서는 장기적으로 중요한 목표들을 파일링해서 관리하며 불독같이 매달리는 끈기가 필요하다.

강점 조직은 몰입도가 높다

고성과를 내는 조직은 공통적으로 강점에 기반하고 Strengths-Based, 몰입에 초점을 두며 Engagement-Focused, 성과 지향적 Performance-Oriented

이다. 그리고 이런 고성과 조직의 리더는 직원의 재능과 강점을 이해하고 그 진가를 인식하며 각 직원에게 맞는 고유한 성공 전략을 제시한다. 또한 각 구성원에게 진정 어린 관심을 기울이고 각 구성원이 역할을 통해 성장하도록 도우며 몰입도를 높이는 데 초점을 맞춘다. 마지막으로 각 구성원과 팀 전체에 대해 명확한 성과 목표와 기대치를 설정하고, 구성원들이 적절한 결과를 내도록 돕는 강점 기반 피드백과 코칭을 제공한다.

여기에서 '몰입도'에 대해 조금 더 알아보자. 만족도Satisfaction는 직원이 조직에 만족하면 성과가 높아진다는 개념인데, 몰입도는 이와는 조금 다르다. 만족한 직원은 생산적일 수도 있고 아닐 수도 있다. 비즈니스 결과와 명료한 연결성이 없다는 뜻이다. 반면 몰입도는 비즈니스 결과에 중대한 영향을 준다. 몰입된 팀은 생산성, 고객 몰입, 협력 강화, 수익성이 높고, 안전사고, 제품 결함률, 이직률, 결근율이 낮다.

다음은 직원 몰입도를 체크하는 12가지 질문과 그 해석이다. 이 문항은 세계 198개 국, 72개 언어, 3100만 건의 응답을 기반으로 검증되었으며, 고성과 팀과 저성과 팀을 뚜렷하게 구분지어주는 도구다.

질문 Questions

기본 요구사항

Q1. 나는 직장에서 나에게 기대되는 바가 무엇인지 알고 있다.
(Y/N)

Q2. 나는 나의 업무를 올바르게 수행하는 데 필요한 물자와 기구/장비를 가지고 있다.
(Y/N)

개인

Q3. 나는 직장에서 내가 가장 잘하는 일을 할 기회가 매일 있다.
(Y/N)

Q4. 지난 7일 동안 나는 좋은 업무수행으로 인해 인정이나 칭찬을 받았다.
(Y/N)

Q5. 나의 상사나 직장의 다른 누군가가 나를 인간적으로 배려해주는 것 같다.
(Y/N)

Q6. 나의 발전을 격려해주는 사람이 직장에 있다.
(Y/N)

팀워크

Q7. 직장에서 나의 의견이 반영되는 것 같다.
(Y/N)

Q8. 우리 회사의 미션과 비전은 내 업무가 중요하다고 느끼게 한다.
(Y/N)

Q9. 나의 직장 동료들은 탁월한 업무 수행을 위해 헌신하고 있다.
(Y/N)

Q10. 나는 직장에 절친한 친구가 있다. (Y/N)

성장

Q11. 지난 6개월 동안 직장에서 나의 발전에 관해 말해준 사람이 있었다. (Y/N)

Q12. 나는 지난 1년 동안 직장에서 배우고 성장할 수 있는 기회가 있었다. (Y/N)

memo

분석 Analyses

★ 몰입형(Yes가 9~12개)

일과 조직에 완전히 몰입한 직원은 열정의 근원이다. 이들은 조직의 핵심 인재이자 팀 분위기를 끌어올리는 '에너지 생성자'다. 외부 자극 없이도 스스로 열정을 내는 사람이다. 업무 일정을 준수하고, 지시나 명령 없이도 일을 잘 해낸다. 책임감이 강하고 자신의 성장을 스스로 설계하려는 경향이 있어, 장기 보상·승진 로드맵·미션 부여가 효과적이다. 이런 유형의 직원에게 스스로 고민하게 하고 업무 처리 권한을 준다면 더 적극적으로 일하고 창의적으로 일할 수 있다. 단, 과도한 업무 과부하로 인해 번아웃이 생길 수 있으므로, 속도·우선순위 조율이 필수적이다. 특히 몰입형 직원에게는 자세한 지침보다는 큰 방향성과 자율성이 훨씬 큰 동력이 된다.

★ 비몰입형(Yes가 5~8개)

조직과 일에 대해 부정적이지는 않지만 감정적으로 몰입되지 않고 있다. 옆에서 누군가 자극을 가해야 불이 붙는 유형으로 수동적이다. 이들은 환경과 리더의 영향에 민감하며, 분위기와 동료 관계에 따라 생산성이 크게 달라진다. 이 경우 비전과 목표를 공유해 동기부여 요소를 찾아주는 과정이 필요하다. 명확한 역할 정의, 기대치 설정, 작은 성공 경험이 쌓이면 몰입형으로 성장할 가능성이 높다. 자신이 하는 일이 얼마나 의미 있는 일이며, 조직의 비전과 목표 달성에 자신이 어떻게 기여하는지 알아야 열정을 발휘할 수 있다. 반대로 구조가 모호하거나 인정이 부족하면 쉽게 무기력해지고 '형식적 근속자'가 될 수 있다. 비몰입형에게는 '명확한 목표＋구체적 피드백＋정기적 체크'가 가장 효과적인 매니지먼트 방식이다.

★ 이탈형(Yes가 4개 이하)

일과 조직에 몰입되어 있지 않으며, 다른 구성원에게 부정적인 영향을 미칠 수 있다. 역량과 의욕이 부족해 더 이상 시간과 노력을 기울일 가치가 없다고 스스로 판단해 포기한다. 이탈형은 단순히 '의욕 없음'이 아니라, 방향 상실·관계 단절·자기효능감 저하가 복합적으로 얽혀 있는 경우가 많다. 역량이 낮을 땐 적절한 지시가 필요하고, 의욕이 낮을 땐 지원이 필요하다. 즉각적인 성과 압박이나 비난은 오히려 반발심을 키우고 더 멀어지게 만든다. 성과와 직결되지 않는 업무, 회의나 잡무를 줄이는 것부터 시작해야 한다. 이 유형에게는 '작고 명확한 목표＋즉각적 피드백＋성공 경험의 반복'이 필수다. 업무를 성공적으로 수행하면 물질적·정신적 보상을 충분히 제공해 심리적인 만족감과 물질적인 보상이 균형을 이루게 하는 것이 중요하다. 장기적으로 개선되지 않을 경우, 업무 재배치나 경력 로드맵 재설계 같은 구조적 개입도 고려해야 한다.

일하는 사람의 행복까지가 일이다

조직은 숫자로 움직이지만, 숫자만으로 살아 있지는 않다. 목표 달성과 지표 관리는 중요하지만, 그 이면에는 늘 사람이 있다. 사람의 의욕, 협력, 창의가 빠진 성과는 오래가지 않는다. 단기간의 실적은 낼 수 있을지 몰라도, 그 성과를 지탱하는 에너지와 자부심이 사라지면 조직은 곧 피로해진다. 결국 일을 지속시키는 힘은 시스템이 아니라 사람의 마음에서 나온다.

리더는 그 마음의 온도를 읽어야 한다. 구성원이 '왜 이 일을 하는가'를 잃어버리는 순간, 일은 의미를 잃고 노동이 된다. 반대로 자신이 하는 일에서 가치를 느끼고 동료와의 관계 속에서 인정받는 순간, 사람은 스스로 동기를 만들어낸다. 그때 비로소 리더의 역할은 지시와 통제가 아니라, 사람이 의미를 느끼며 일할 수 있는 환경을 설계하는 일로 바뀐다.

리더십의 방향은 성과를 '만드는' 것이 아니라, 성과가 자연스럽게 따라오게 하는 구조를 세우는 것이다.

도대체 행복이란 무엇인가

그렇다면 행복이란 무엇일까? 행복은 단일 감정이 아니라 다층적인 상태다. 갤럽 연구팀이 50년간 150개 국 이상에서 1500만 명이 넘는 전 세계인을 대상으로 연구 조사한 결과에 따르면, 인간이 행복해지기 위해서는 적어도 다음 5가지 요소가 균형적으로 조화를 이루어야 한다고 한다.

직업적 행복 Career Wellbeing

이는 현재 하고 있는 일을 얼마나 좋아하고 있느냐가 행복감을 느끼는 데 중요하다는 뜻이다. 일은 행복의 원천이다. 우리가 몰입할 수 있는 일을 찾아야 하는 이유이기도 하다. 직업적 행복을 위해서는 첫째, 매일 잘하는 일을 최소 한두 개는 해서 성취감을 느껴

라. 둘째, 미션을 공유하고 성장을 자극해줄 사람을 찾고, 그 사람과 더 많은 시간을 보내라. 셋째, 직장에서 즐겁게 어울릴 수 있는 사람이나 팀과 더 많은 시간을 보내라.

사회적 행복 Social wellbeing

탄탄하고 끈끈한 인간관계는 인간에게 확실한 행복감을 준다. 이것이 바로 관계의 힘이며, 행복한 사람들은 서로 연결되어 있다. 사회적 행복을 높이기 위해서는 첫째, 친구와 가족, 동료들과 사교활동을 하는 데 하루 6시간을 할애해라. 이는 전화, 이메일 등의 커뮤니케이션을 포함한 활동이다. 둘째, 네트워크에 있는 사람들과 공동의 유대를 강화하라. 셋째, 사교활동 시간에 신체적 활동도 포함시켜라. 예를 들어 친구와 긴 산책로를 걷는 것이다.

경제적 행복 Financial wellbeing

경제적 행복도 중요한 요소다. 단, 돈의 액수보다는 돈에 대한 통제력이 더 중요하다. 경제적 행복을 높이기 위해서는 첫째, 친구나 사랑하는 사람과의 외출과 휴가 등 긍정적인 경험에 돈을 써라. 둘째, 물질을 소유하고자 돈을 쓰기보다는 타인을 위해 돈을 써보라. 셋째, 최소한의 돈은 모아야 한다. 돈 걱정을 줄여줄 디폴트 시스템(저축 및 투자)을 마련하라.

육체적 행복 Physical wellbeing

당신은 건강한 신체와 일상적인 활동을 무난히 수행할 수 있는 충분한 에너지를 갖고 있는가? 이것이 육체적 행복이다. 육체적 행복을 위해서는 첫째, 하루 최소 20분간 운동하라. 기왕이면 하루 종일 좋은 기분이 유지되도록 오전에 운동하는 게 더 좋다. 둘째, 푹 쉬었다는 느낌이 들 정도로 수면을 취하되(일반적으로 7~8시간), 너무 오랫동안 자는 것은 삼가라. 셋째, 슈퍼에서 음식을 살 때 긍정적인 디폴트를 설정하라. 예를 들어 채소는 색깔이 선명할수록 좋다.

공동체적 행복 Community wellbeing

현재 살고 있는 지역에 대한 참여도가 있는가? 있다면 어느 정도인가? 공동체적 행복을 높이기 위해서는 첫째, 개인적 미션과 관심사를 감안해 공동체에 어떤 기여를 할 수 있을지 생각해보라. 둘째, 당신의 미션에 부합하는 적절한 봉사 단체에 대한 정보를 얻어라. 평소 당신의 열정과 관심사에 대해 주변 사람에게 적극적으로 알리는 것이 필요하다. 셋째, 지역단체가 주관하는 각종 행사에 참여하라.

이러한 다섯 가지 정의에 대해 생각해보면, 결국 행복은 일상의 통제력에서 온다는 것을 깨달을 수 있다. 행복은 누가 가져다주는 선물 같은 것이 아니라, 내가 노력해서 만들어가는 삶의 결과에 가깝다. 당장 오늘부터라도 가장 큰 즐거움을 주는 사람들과 더 많은 시간을 보내고, 자신의 강점에 의도적으로 몰두하고, 재정계획을 세워 부채로 인한 걱정을 최소화하고, 운동을 당연한 일상으로 편입시키고, 지역사회나 종교단체, 봉사단체에 헌신하는 계획을 세워라. 그것이 '통제 가능한 삶'을 확장하는 첫걸음이다.

행복은 비교의식이 사라진 자리에서 시작된다. 나는 대한민국 국민이 행복감을 덜 느끼는 이유는 우월감과 열등감 때문이라고 생각한다. 우월감은 '남보다 낫다'는 생각에서, 열등감은 '남만 못하다'는 생각에서 비롯된다. 그러나 자신의 강점을 알고 그 강점을 일 속에서 발휘할 수 있는 사람은 더 이상 비교할 필요가 없다. 그는 '남보다 잘하는 나'가 아니라 '어제보다 성장한 나'로 자신을 바라본다. 그때 비로소 일은 경쟁이 아니라 성장이 되고, 성장은 곧 행복의 다른 이름이 된다.

이제 이 사고를 조직 차원으로 확장해보자. 리더가 모든 것을 직접 통제하려 하면 사람은 스스로의 리듬을 잃는다. 진짜 리더는 '결정권을 나누고 통제력을 돌려주는 사람'이다. 구성원이 스스로 일정을 정하고, 목표를 세우고, 방식을 선택할 때 그 일은 더 이상 '시킨 일'이 아니라 '내 일'이 된다. 일의 주도권이 사람에게 돌아가는 순간 일은 생명을 얻는다.

행복은 일상의 통제력에서 온다. 리더가 그 통제력을 구성원에게 돌려주면 조직은 자율과 책임의 선순환으로 돌아가기 시작한다. 그때 비로소 사람의 강점을 살리고 사람이 일하며 행복해지는 구조를 세우는 강점의 리더십이 완성된다.

맺는 말

　LG에 신입사원으로 입사해서 중간관리자, 그리고 임원으로 지낸 35년간의 회사 생활은 녹록지 않았다. 돌아보면 버거운 책임감과 중압감이 몰려올 때도 적지 않았고, 목표를 달성하기 위해 직원들을 다그치며 나 자신을 몰아넣은 때도 빈번했다. 툭하면 벌어지는 사건 사고 처리에 전전긍긍했던 나날의 연속이었다고 할까.
　아마도 이런 생각은, 어쩌면 나뿐 아니라 직장에 몸담은 사람들이라면 누구나 겪었고 지금도 겪고 있는 일상인지도 모르겠다. 그런데도 내 이야기를 풀어낸 까닭은 특별하지 않다. 한 번 또 한 번 고비를 넘겨왔던 나의 현장 경험이 지금 기업에 몸담은 여러 사람에게 조금이나마 응용할 수 있는 전략의 힌트가 되기를 희망했기 때문이다.

물론 지금 직장생활을 하는 이들이 나와는 다른 환경과 시간에 놓여 있다는 점을 나도 안다. 어지간하면 무리 없이 직장을 찾을 수 있던 내 세대와 청년 실업이 최고치에 달한 지금은 같지 않다. 그렇게 들어간 직장에서 정년을 맞는 게 당연하던 시절과 첫 직장에서의 근속 기간이 2년도 채 되지 않는 지금은 더더욱 다르다. 나를 '꼰대 세대'라 불러도 크게 부정할 수 없다. 하지만 내 좌우명이자 행동 기준인 '수처작주' 네 글자는 긴 세월이 흘러도 그 의미와 가치가 변질되지 않을 것이라 믿는다. 실제 나와 같이 LG상사에 입사한 동기 40여 명 중 CEO를 경험한 이는 내가 유일하다. 세대가 같다고 해서 모두가 같은 태도로 일을 하지는 않았다는 얘기다.

원고를 마무리하며 직장인으로서, 경영인으로서 35년간 현장에 몸담으며 나와 인연을 맺은 사람이 몇이나 될까 생각해보았다. 앞서 터전을 마련하고 길을 개척한 훌륭한 선배들, 그 터전에 또 다른 새로운 길을 확장하며 끊임없이 노력하는 동료들, 그리고 각자 제 위치에서 제 역할을 다하려는 후배들, 그리고 내 소중한 가족들과 이웃들까지 셀 수 없이 많은 인연이 떠오른다. 내가 긴 여정을 마치고 LG에서 아름답게 퇴장할 수 있었던 것은 이런 감사한 인연들 덕분이다. 수많은 소중한 분들께 이 책을 통해 그때 미처 전하지 못했던 진심 어린 감사의 말을 전하고 싶다.

회사 생활을 하면서 값진 경험을 많이 했다. 강점 코칭도 그중 하나다. 앞만 보고 달렸던 나를 다시 한번 되돌아보게 하는 경험이었다. 이 코칭 교육을 통해 나도 몰랐던 나 자신을 알게 되었고 조직 구성원의 마음도 알게 됐다. 앞으로의 바람이 있다면 이 강점 코칭의 장점을 개인과 중소기업에 좀 더 알리고 싶다는 것이다. 대기업에서는 비교적 코칭 교육이 이루어지고 있지만 중소기업과 개인 차원에서는 아직 열악하다. 따라서 중소기업들이 강점 코칭을 조직 문화로 받아들여 인재 육성과 성과 향상이라는 두 마리 토끼를 잡을 수 있도록 보다 효과적인 길잡이 역할에 힘을 보태고 싶다.

무엇보다 꿋꿋하게 나를 믿고 희생하고 따라와준 내 가족들에게 다시 한번 고맙고 사랑한다는 말을 전한다.

부록

야간 고등학교 출신이
CEO가 되기까지

앞서 내 35년간의 LG그룹 생활 중 주로 임원이 된 이후를 얘기했다. 나의 경험에 비추어 LG의 혁신이란 무엇이며 어떤 가치들을 품고 있는지, 의사결정권자로서 조직관리와 위기 대처는 어떠해야 하는지를 이야기했다.

이쯤에서 '이웅범'이라는 사람은 LG에 입사하기 전에 어떤 삶을 살았고 입사한 이후에는 어떤 실무자 생활을 거쳤는지 궁금해하는 독자들이 있을 듯싶다. 무려 40~50여 년 전이니 요즘 직장생활을 하는 독자들에게는 무척 생소한 이야기일 것이다. 그러나 이렇게 세월이 지나고 보니, 당시 어떤 시점의 선택이 변곡점이 되어 내 인생을 뒤바꾸어놓았는지 드러나 보이는 부분들이 있다.

"이웅범 사장이 형편이 어려워 야간 고등학교 다녔잖아요. 낮에는 돈 벌어 집에 보태면서 저녁에 공부했으니, 그야말로 주경야독했죠. 그러면서도 전교 1등으로 졸업했다고 해요. 그 여건에 그 성적을 올렸다는 사실이 청년 이웅범에 대해 많은 것을 얘기해주죠."

내 지인 중 한 명이 내 학창 시절에 대해 이렇게 얘기하더라고 전해 들었다. 이렇게 알고 있는 사람들이 적지 않다. 여기에는 사실과, 사실이 아닌 것이 섞여 있다.

내 성장기에 우리 집은 가난했다. 내가 야간고교에 입학해 졸업한 것도 사실이다. 그러나 낮에 돈을 벌지는 않았다. 아침과 오후에도 학교에서 공부했다. 전교 1등으로 졸업하지도 않았다. 내 성적은 3등이었다.

장손의 성공을 기원한 할머니의 사랑과 집안의 기대, 어려운 가정 형편, 그 속에서 조숙한 소년. 이런 구절로 내 성장기는 요약된다. 나는 외아들이었고 집안의 장손이자 기대주였다. 부친은 조부의 첫째 아들이었다. 부친 이후 숙부와 고모 다섯이 태어났다. 이처럼 딸이 많은 집안에서 부친이 첫째 딸을 본 다음 내가 장손으로 세상에 나왔다. 숙부가 1933년생이고 내가 1957년생이니, 우리 집안이 24년 만에 남자아이인 나를 장손으로 본 것이었다. 조부모와 부모의 기쁨이 이만저만이 아니었다. 내 뒤로 3명의 여동생이 생겼다.

충남 부여군 초촌면의 내 고향은 함평 이씨의 집성촌이었다. 어릴 적 어른들은 우리 집안에서 성공한 분들을 종종 거명하며 자랑 삼았다. 대표적인 인물은 서울대 사범대 수학교육과 고故 이성헌 교수다. 이 교수는 1950년대 중학교 수학 교과서를 집필한 저자로 유명했다. 또 서울에서 의과대학을 졸업하고 의사로 활동하는 분도 있었다. 조부모님과 부모님은 교육을 통해 나를 큰 인물로 키워내고 싶어 하셨다. 조부와 부친은 농사를 지었고, 큰고모부는 서울 공장에서 일하고 있었다. 내가 초등학교 4학년 올라갈 때 할머니가 결정하시고 부친을 불렀다.

"웅범이는 서울에서 공부를 시키자."

"네?"

"여기서 아이를 키우면 농사꾼밖에 더 안 된다."

"네, 알겠습니다."

"애비가 먼저 서울로 가서 일자리를 잡아라. 그러면 웅범이를 올려보내마."

할머니 말씀에 따라 부친이 먼저 서울 매제, 내 고모부에게 갔다. 고모부는 당시 노량진에 있던 한국모방에서 근무하고 있었다. 한국모방은 양복 원단을 비롯해 섬유·의류를 제조하는, 당시로서는 큰 회사였다. 고모부는 한국모방에서 경비직으로 근무했다. 당시에는 취업이 그리 어렵지 않았다. 부친은 손재주가 좋아 기계 다루는 일에 능했고, 한국모방 보일러실에서 일하게 되었다.

부친은 처음에는 고모부 집에서 생활했다. 그다음 방을 얻어 어머니를 불렀다. 우리 남매 중에 내가 가장 먼저 서울로 왔다. 동생들은 초등학교 입학할 때 올라왔고, 누나는 중학생 때 서울에 왔다.

처음 가는 서울 길은 멀고도 멀었다. 부여에서 논산으로 가서 논산에서 완행열차를 타고 여섯 시간이 걸렸다. 촌놈한테 서울 생활은 낯설고 당황스럽고 놀라움의 연속이었다. 시골집은 대문에 큰 문이 하나였는데, 서울 집은 쪽문이 있어서 그리로 드나들었다. 나는 몸에 밴 습관대로 집에 뛰어서 들어가다가 계속해서 머리를 문에 찧곤 했다. 낮은 쪽문이 좀처럼 익숙해지지 않았다. 성격이 급한 것은 어릴 때부터 그랬다.

한국모방 직원 목욕탕은 따뜻하고 아픈 기억이 있는 곳이었다. 한국모방은 직원들을 위해 목욕탕을 운영했다. 섬유 먼지를 뒤집어 쓴 근로자들이 퇴근할 때 씻고 가도록 했다. 좋은 점은 직원 가족들도 휴일에는 이용할 수 있다는 것이었다. 중학교 1학년 때쯤 회사 목욕탕에 가서 씻는데, 천장의 백열전구가 터졌고 하필 깨진 전구 유리를 발로 밟고 말았다. 응급실에 가서 빨간약을 바르고 붕대를 감고서 돌아왔다. 이 상처는 오랜 세월이 지나 내가 군에 있을 때와 우르가 히데키 사장의 딸 결혼식에 참석하기 전에 다시 도져 수술했다.

가족 다섯 명이 함께 지내면서 전셋집이 좁아졌다. 할머니가 쌀을 팔아 만든 돈 50만 원으로 부친한테 노량진에 집을 사게 했다. 부친은 나중에 할머니께 "쌀을 조금 더 팔았다면 이층집도 살 수 있었는데"라며 아쉬움을 나타냈다. 그러자 할머니가 바로 이렇게 일갈하셨다고 한다.

"서울에 웅범이 공부시키러 갔지, 집 사러 갔느냐?"

할머니가 적극적이고 주도적이었고, 조부는 주로 문중의 집안 대소사 일을 보시면서 농사를 지으셨다. 우리는 방학 때면 고향에 가서 농사를 거들면서 재밌게 지내다 왔다. 집은 장만했고 쌀은 시골에서 받아서 먹었다. 그러나 부친 월급으로는 다섯 자녀를 가르치기에 턱없이 부족했다. 어머니가 떡 장사에 나섰다. 막냇동생을 둘러업고 광주리에 떡을 담아 팔고 다녔다. 1970년대 초였다.

나는 일찍 철이 들었다. 사춘기를 겪을 겨를이 없었다. 나는 중학교 때 수학여행을 가지 않았다. 집안 형편을 알기에 스스로 그렇게 결정했다. 아예 수학여행 얘기를 꺼내지 않았다. 돈 얘기가 나올 텐데, 부담을 드리기 싫었다. 수학여행 기간에 나는 아무 일도 없다는 듯 평소처럼 집과 학교를 오갔다. 학교에 가면 텅 빈 도서관에서 시간을 보냈다. 물론 나만 그랬던 건 아니었다. 당시에는 수학여행을 가지 못하는 학생들이 적지 않았다.

할머니한테는 언제나 내가 가장 우선이었다. 남매들이 할머니와 길을 걸을 때면, 누나도 여동생들도 내 앞에서 가지 못하게 했다. 그렇게 기대를 한 몸에 받고 있었는데, 나는 그만 고교 입시에서 1차와 2차에 연거푸 떨어졌다. 참 송구스러웠다. 며칠이나 답답해하고 있는데, 담임 선생님이 조언했다.

"내년 입시부터 추첨식이라 재수해봐야 헛수고다. 어디든 가야 한다."

애초부터 재수할 마음이 없었다. 제때 진학해 부모님 부담을 덜어드리고 싶었다. 그런 내게 마지막 기회가 있었다. 배문고등학교가 미달이 된 야간 과정의 학생들을 추가모집한다는 것이었다. 나 같은 처지에 나처럼 생각하는 학생들이 많았는지, 180명 정원에 5,000명 가까이 지원했다. 경쟁률이 27대 1이었다. 그 결과 학업 성적이 우수한 학생들이 1973년 배문고 야간 과정에 많이 입학했다. 뜻밖의 신입생을 받은 배문고와 야간 선생님들이 의욕적으로 우리들을 가르쳤다. 전례 없이 야간 신입생들을 아침에 학교에 오게 했다. 아침과 오후에 도서관에서 자율학습을 시켰다. 오후 5시 무렵에 야간 수업이 시작되었다. 우리는 선생님들이 수업 시간에 아주 열정적으로 신경을 써서 가르친다는 것을 느낄 수 있었다.

야간 학생들은 주간 과정에 결원이 생기면 대개 그리로 옮긴다. 그러나 우리는 자리가 나도 주간으로 옮기지 않았다. 괜히 주간으로 옮겼다가 공부를 덜 하게 될까 걱정이 됐기 때문이다. 3년 동안 고생한 동기 중에는 자기 분야에서 성공한 친구들이 많다. 교수가 된 친구도 서너 명 있고, 사업하는 친구들도 있다. 고3 때 담임이셨던 조현행 선생님은 지금도 뵙는다.

그렇게 고교를 다녔는데 대입에서 또 미끄러졌다. 이때도 내 선택에 재수는 없었다. 우리 집 형편에 내가 그럴 순 없었다. 부모님 벌이는 당시에도 나아지지 않았다. 누나는 고교 졸업하고 바로 취업했지만, 여동생들이 학교에 다니고 있었다.

후기 시험을 쳐 한양대에 입학했다. 어서 대학을 졸업하고 취업해 집안에 도움을 주는 장손이 되고 싶었다. 고교 때 이과를 택한 것도 취업에 좀 더 유리해서였다. 1976년에 대학교에 입학했고, 장학금도 받았고 과외도 했다. 과외해서 받은 돈으로 동생들 청바지를 사주기도 했다.

나는 내 실패를 운의 탓으로 돌리지 않는다. 내가 고입과 대입에 연거푸 낙방한 것은 운이 없어서라기보다 실력이 부족했기 때문이라고 인정한다. 그러나 성공에는 운이 따른다고 본다. '진인사대천명'이라는 말이 나온 배경에는, 사람의 실력 외에 작용하는 운이 있음을 보여주는 수많은 사례가 있다고 생각한다. 내 성공은 내 노력에 더해 상사 운과 다른 행운이 연결된 덕분이었다.

행운은 입사 때부터 나와 함께 했다. 합격이란 단어와는 거리가 멀었던 내가 1982년 입사시험에는 세 군데나 합격했다. LG상사를 거쳐 현재 LX인터내셔널이 된 반도상사와 (주)대우, 국제상사였다. 합격을 확인하고 어디 갈지 행복한 고민을 하고 있었다. (주)대우 인사부서에서는 "출근하라"는 전화까지 하며 나를 불렀다. 당시 우리 집에는 전화가 없어서 옆집 전화로 연락을 받은 기억이 난다. 전화를 받고 나서 오히려 (주)대우에 가지 않았다. 직장을 결정할 때도 일종의 밀당 심리가 작용한 듯하다.

결과적으로 내 선택은 최선이었다. 국제상사는 익히 알려진 대로 1986년 국제그룹이 해체되면서 어려움에 빠졌다. 한일그룹에 인수되었다가 이랜드를 거쳐 LS네트웍스가 되었다. (주)대우는 1990년대 말 외환위기에 처해 대우인터내셔널과 대우건설 등으로 분할되었고, 대우인터내셔널은 2010년 포스코 그룹에 인수되었다.

내가 1983년에 입사해 사원으로 근무하던 시기에는 업무의 길목에 텔렉스가 있었다. 젊은 세대에게 텔렉스를 설명할 때면 한두 세대가 아니라 몇 세대 차를 절감하곤 한다. 기업 간에 문서를 주고받는 수단은 지금은 이메일이고, 이메일 전에는 팩시밀리였으며, 팩시밀리 이전 세대의 기기가 텔렉스다.

『표준국어대사전』에서는 텔렉스를 '전화의 자동 교환과 인쇄 전신의 기술을 이용한 기록 통신 방식'이라고 정의한다. 이어 '다이얼 따위로 상대 가입자를 호출하여 인쇄 송신기로 통신문을 보내면 상대편의 인쇄 수신기에 자동으로 기록된다'고 설명한다.

텔렉스는 팩시밀리에 자리를 내주고 역사의 한 페이지가 된 지 오래다. 이제 팩시밀리도 PC에 그 기능이 통합되면서 서서히 은퇴하고 있다. 그러나 내가 사원 때만 해도 텔렉스는 첨단 비즈니스 기기였다. 값도 비싸서 대기업 사원 월급의 열 배 정도에 달했다. 그래서 대기업이 아니면 텔렉스를 갖춘 곳이 드물었다. 중소기업들은 공용 텔렉스를 마련하기도 했다.

입사 후 처음 배치받은 부서는 자원사업부의 석탄과였다. 석탄과는 석탄을 수입해 시멘트 회사 등에 공급했다. 텔렉스가 업무의 주요 길목에 있었고, 사원한테는 텔렉스가 병목이었다. 왜냐하면 텔렉스를 쓰려는 줄이 길었고, 보낼 인콰이어리Inquiry: 조회 문의나 주문서, 신용장 등은 전담 여사원이 타자기보다 복잡한 자판에 입력하는 과정을 거쳐야 전송할 수 있었기 때문이다.

텔렉스 전담 여사원은 일과 시간이 지나면 퇴근했다. 간혹 퇴근 무렵에 문서를 보내라는 지시를 받을 때가 있다. 그러나 다른 부서의 직급이 높은 사람이 바쁘고 중요한 건이 있다고 하면 내가 지시받은 문서는 뒤로 밀렸다. 당일 처리하지 못하게 되었다. 또 무역 업무를 하다 보니 해외 업체에 밤늦게 연락해야 할 일도 잦았다. 그래서 텔렉스실은 퇴근 시간 이후에도 개방되어 있었다. 그러나 여사원이 퇴근한 후에는 텔렉스가 있어도 활용하지 못하는 직원이 많았다. 나도 그런 사원이었다.

결국 텔렉스 입력을 배워서 직접 해야겠다고 결정했다. 타자학원에 가서 자판 입력을 배웠다. 퇴근 시간 후에도 텔렉스실에서 내가 직접 입력해서 바로 보낼 수 있었다. 리본에 펀칭하는 입력 속도는 느렸지만, 입력한 리본을 걸어 보내는 건 순간이었다. 그 이후 내가 지시받은 텔렉스는 당일을 넘기는 일이 생기지 않았다. '내 일도 아닌데 내가 왜 텔렉스를 배워?'라고 생각했다면 불가능한 신속함이었다. 물론 그 속도는 지금 기준으로는 하염없이 느려터진 것이지만 말이다.

타자를 배운 덕분에 나는 개인용 컴퓨터PC 시대에도 얼리어답터가 될 수 있었다. 비록 독수리 타법이었지만, 보기 드문 얼리어답터임은 분명했다. 국내에 PC가 나온 게 1980년대 중반이었다. 금성통신에서 가장 먼저 나온 PC의 모델명이 PC24였다. 텔렉스 시대에서 PC 시대로 바뀌면서 내 근무 부서는 자원사업부에서 비디오테이프 추진본부로 변경되었다. 비디오테이프 추진본부는 청주에 설비투자를 준비하고 있었다. 나는 설비 조달 업무를 담당했다. 작성해야 할 문서의 종류도 많고 양도 많았다. 해외에서 설비를 수입하려면 맨 첫 단계로 냉동공조, 금형, 기계 등 국내 관련 조합에서 국산화 불가 허가를 받아야 했다. 서류를 작성해 각 조합을 돌아야 했다. 그다음 은행 신용장을 개설하고 통관 자료를 작성하고, 무역협회에 신고하는 작업에도 문서가 기본적으로 필요했다.

설비투자 업무에 타이프라이터보다 훨씬 효율적인 PC가 배정되었다. 그러나 PC 시대에도 텔렉스 시대처럼 담당 여사원이 작업했다. 여사원이 퇴근하면 PC 문서 작업을 할 사람이 없었다. 당시 업무는 주말에도 돌아갔다. 그래서 주말에는 내가 PC로 문서를 작성했다. 속도는 여사원보다 턱없이 느렸지만, 설비조달 업무가 지체되지 않고 진행되는 데 상당히 기여했다.

복사기를 쓸 때 종이가 걸리는 일도 잦았고, 토너도 자주 갈아줘야 했다. 종이가 걸리거나 토너가 떨어지면 관리하는 담당자에게 연락했다. 주말이 문제였다. 주말에 일할 때 복사기가 말썽을 부리는 경우가 종종 생겼다. 그래서 나는 복사기 응급조치를 직접 익혀두기로 했다. 기사가 와서 토너를 갈거나 낀 종이를 꺼내는 작업을 유심히 지켜봤다. 어디를 눌러야 종이가 들어가는 부분을 여는지, 종이를 어떻게 끄집어낸 뒤 어떻게 다시 세팅하는지를 눈여겨봤다. 토너 교환하는 방법도 기사 어깨 너머로 익혔다. 내가 일할 때 복사기가 탈이 나면 기사를 부르기 전에 내가 직접 전에 본 조치를 따라 해봤다. 해결되면 기사를 부르지 않았고, 내가 해결하지 못하면 기사를 불렀다. 그러면서 어지간한 복사기 문제는 직접 처리할 수 있게 됐다.

입사해 과장으로 승진하는 데 4년 6개월이 걸렸다. 빠른 편이었다. 텔렉스부터 PC, 복사기에 이르기까지 내 일도 아닌데 직접 나서서 하는 모습이 좋은 평가를 받았다고 생각한다.

신입사원들은 "내가 대학에서 무슨 전공을 했는데", "내가 대학원을 졸업했는데"라는 태도로 자기 일 아닌 업무에는 소극적이기 쉽다. 나는 발상을 바꿔서 생각해보자고 제안한다. 누구도 안 해도 되는 일이면 허드렛일이지만, 누군가 해야 하는 일이라면 허드렛일이 아니다. 수동적이 아니라 능동적으로 자신의 업무 영역을 넓히다 보면 분명히 얻는 게 있다.

처음 배치받은 자원사업부의 석탄과는 석탄을 수입해 시멘트 제조공장 등에 연료로 공급했다. 석탄 수입은 벌크선을 이용해 대규모로 이뤄졌다. 수입을 위한 입찰도 배 단위였고 큰 금액이 들어갔다.

사원이 하는 일은 잡일이었다. 영수증 심부름을 하다가 배가 들어오면 부두에 갔다. 하역 작업이 빨리 이뤄지도록 인부들 술 사주고 안주도 날랐다. 부서 업무에 필요해 석탄 서적을 번역하기도 했다. 번역은 내 전공을 살리는 작업이었지만, 별 재미가 없었다. 번역이 끝난 뒤 다시 잡일로 돌아왔다.

석탄 사업 심부름은 그만하고 싶었다. 이런 뜻을 부서 상사에게 밝혔다. 상사였지만 마침 대학 후배여서 터놓고 이야기했다. 나는 군 복무를 마치고 그보다 늦게 입사했다. 그는 내게 기다려보라고 말했다. 그의 말에 별 기대를 하지 않은 채 예비군 동원훈련에 들어갔다. 훈련을 마치고 회사에 출근했더니 인사가 나 있었다. 신사업인 비디오테이프추진본부 기획팀으로 배치되었다.

1984년 10월부터 비디오테이프추진본부로 출근했다. 추진본부는 초기 단계에 있었다. 내가 열정을 기울여 할 일이 산더미처럼 기다리고 있었다. 추진본부는 앞서 1983년 반도상사의 자기기록매체 사업추진본부로 출발했다. 1985년부터 청주 공장에서 비디오테이프와 오디오테이프, 플로피디스크를 제조했다. 내가 배치된 1984년에는 공장에 들여놓을 생산설비 도입이 주요 업무였다. 나는 생산설비 도입과 사업계획을 맡았다.

에두른 출발이었지만 시간 낭비는 아니었다. 자원사업부에서 스스로 배운 텔렉스 실력이 PC로 수입 서류를 작성하는 바탕이 되었다. 서류 작업하면서 익힌 설비의 사양과 성능은 1988년 12월 생산기술과장으로 청주 공장에서 근무할 무렵 탄탄한 배경지식이 되었다. 자원사업부에서 묵묵히 일만 했다면 내 이후 직장 경력은 어떻게 풀렸을까? 순간의 선택이 이후 내 평생을 바꿔놓았다. 여러분은 어떤 선택을 하고 있는가?

이웅범 사장이 알려주는 슬기로운 직장생활 FAQ

나는 LG에서 구성원들과 많은 대화와 소통을 하려 최선을 다했다. 가끔 고민을 속에만 묻어놓고 혼자서 힘듦을 감당하고 있는 후배들이나, 겪지 않아도 될 시행착오에 힘들어하는 직원들을 보고 많이 안타까웠다.

직장생활도 학창 시절 못지않게 공부를 요구한다. 그 공부는 지식보다 지혜를 쌓는 종합적인 학습이다. 직장인은 공부로 쌓은 역량을 조직 내 상하·수평 관계 속에서 실행해 성과로 보여줘야 한다. 나도 선배들에게 그렇게 배웠고, 내가 배운 것들을 후배들에게 나누려 노력했다.

내가 LG이노텍 대표이사와 LG화학 전지사업본부장으로 재직한 기간에 구성원들과 소통하며 나누었던 이야기 중 특히 많이 들었던 질문들을 중심으로 여기 싣는다. 부디 독자들에게 작은 참고가 되길 바란다.

슬기로운 직장생활

Q.
처음부터 CEO를 꿈꾸셨습니까?

A.
듣고 웃을 수도 있는데, 어릴 적 꿈은 아나운서였습니다. 아나운서 중에도 스포츠 중계 아나운서가 되고 싶었습니다. 그래서 스포츠 중계 흉내를 내기도 했습니다. 그러나 그 꿈은 일찍 접었습니다. 꿈보다 내가 처한 현실의 중력이 너무 강했다고나 할까요.

회사에 입사해 처음부터 사장을 목표로 잡은 것은 아닙니다. 내가 지금 사원인데 사장이 되는 꿈을 가진다면 그건 너무 먼 미래입니다. 사원 때는 대리가 목표였고, 대리 때는 과장이 목표였고, 과장 때는 부장이 목표였습니다. 내 미션과 역할에 최선을 다했더니 지금 이 자리까지 오게 되었습니다. 너무 높은 목표와 비전을 설정하기보다는 기본기에 충실한 마음과 열심히 하는 태도가 결국 빛을 보는 것이라고 여깁니다.

영국 역사가 토머스 칼라일이 인생살이에 대해 준 조언이 있습니다. "인생에선 멀리 희미하게 보이는 것보다 가까운 데 있는 분명한 일들을 먼저 해야 한다." 한 걸음 한 걸음 나가고, 한 계단 한 계단씩 올라가기를 권합니다. 현실적인 꿈을 꾸십시오. 본인이 하고 싶은 일을 하면서 성과도 내고, 이를 통해 인정도 받으십시오. 롤모델까지 있다면 금상첨화일 것입니다.

Q.
업무 능력의 한계를 느끼신 적이 있습니까? 있다면 어떻게 극복하셨는지요.

A.
당연하지요. 누구라도 자기 능력의 한계를 인식하지 못했다면 오히려 문제가 있을 수 있습니다. 자신의 능력 안에서 안주하며 맡겨진 일에 편하게 임했을 가능성이 있기 때문입니다. 따라서 한계를 느끼는 것은 성공을 위한 좋은 징조입니다. 한계를 극복하는 데에는 평소에 스스로 자신의 부족한 부분을 살펴보고 채워나가는 태도와 실행 습관이 나중에 저력이 된다고 봅니다.

Q.

어려운 상황에 부닥쳤을 때 도움이 되는 마음가짐에 대해 들려주시기 바랍니다.

A.

입사 때부터 여러 어려움과 역경이 있었는데, 그 어려움과 역경을 극복하면서 승진도 하고 지금에 이르렀습니다. 여러분이 큰일을 하고자 한다면 다양한 경험이 필요합니다. 특히 어려움을 극복하는 과정은 자신의 실력을 증명하는 기회가 되기도 합니다. 시련을 극복하면서 자기 역량을 키울 수 있고, 조직에서 인정받을 수 있습니다. '위기는 기회의 다른 이름'이란 얘기도 있잖아요? 정말 어렵고 힘이 든다면 맹자의 다음 말씀을 되새겨보기를 권합니다.

"하늘이 장차 큰 임무를 어떤 사람에게 내리려 할 땐 반드시 먼저 그의 마음을 괴롭게 하고, 그의 몸을 수고롭고 굶주리고 궁핍하게 하여, 어떤 일을 행함에 그가 하는 일이 뜻대로 되지 않게 한다. 이는 그렇게 함으로써 그의 마음을 분발시키고 성질을 참게 하여, 그가 전에는 할 수 없던 일을 해낼 수 있게 해주려는 것이다."

Q.

스트레스를 받지 않는 방법이 있을까요?

A.

스트레스는 나뿐 아니라 윗사람이나 부하직원 때문에도 받을 수 있습니다. 따라서 나만 잘해서 멀리할 수 있는 것이 아닙니다. 직장생활을 하면서 스트레스를 겪지 않을 수는 없습니다. 그러나 스트레스는 시간이 지나면 강도가 약해집니다. 그러니 스트레스를 가슴 속에 묻지 말고 털어버리기 바랍니다.

　잠이 보약이라는 말이 있는데, 잠은 스트레스에도 보약입니다. 스트레스를 많이 받을 때는 잠깐 눈을 붙여보세요. 점심을 구내식당에서 간단히 한 뒤 자리에 앉아 20분 정도 낮잠을 자는 습관도 도움이 될 것입니다. 그렇게 보낸 점심시간을 포함해 1~2시간 정도 여유를 가지면 문제가 좀 작아 보이게 되고 스트레스의 강도도 완화되더군요. 결국 스트레스는 자기 자신이 이겨내야만 합니다. 오늘은 죽을 것처럼 힘들지만 내일이 되고 또 시간이 지나면 괜찮아집니다.

Q.

반복되는 업무에 권태기가 왔습니다.

A.

기존 방식을 벗어나 새로운 시도를 하십시오. 새로운 시도를 하면 권태기가 오지 않습니다. 지금 업무에 익숙해졌다면 새로운 업무를 시도하십시오. 어렵더라도 직무 이동을 하는 것도 방법입니다. 다른 팀으로 가면 다른 업무를 하게 되어 권태기가 오지 않습니다. 다른 업무를 처리하면서 업무 능력이 향상될 것입니다. 슬럼프를 극복하는 데에는 리프레시하고 생각하는 시간이 도움이 됩니다.

Q.

직장생활에서 성공하는 방법은 무엇입니까?

A.

성공적인 직장생활에는 두 갈래 길이 있다고 생각합니다. 첫째는 더 큰 조직, 다양한 분야를 아우르는 조직의 리더가 되는 길입니다. 둘째는 한 분야에서 전문가로서 역량을 인정받는 길입니다. 첫째 경로를 원하고 택했다면 다양한 직무 경험을 통해 제너럴리스트가 되어야 합니다. 따라서 많은 부문을 이동하며 근무하는 경력관리를 적극적으로 추천합니다.

> **Q.**
>
> 효율적인 업무 수행 방식은 무엇입니까?
>
> **A.**
>
> 시급한 것, 중요한 것이 무엇인지 우선순위를 정하는 것입니다. 또 나 혼자 할 수 있는 일과 동료나 타 부서의 도움을 받아야 하는 일을 구분하고, 도움을 받아야 하는 경우는 바로 생각날 때 부탁해야 합니다. 그래야 일을 원활하고 원만하게 처리할 수 있습니다. 즉 남의 도움을 받아야 하는 일부터 우선 처리하고 나 혼자 할 수 있는 것을 해야 합니다. 여러 명이 각자 한 작업을 취합하는 일은 협력이고, 처음부터 같이 관여하면서 진행하는 일은 협업입니다. 자신의 업무가 협력인지 협업인지 확인하고 우선순위를 정해서 진행하면 효율적으로 업무를 진행할 수 있을 것입니다.

> **Q.**
>
> 업무 계획은 어떻게 수립하고 관리해야 할까요?
>
> **A.**
>
> 출근하자마자 당일 일정을 정리하는 습관이 있는데, 여러분에게도 권장합니다. 주간, 월간 일정표를 작성하고 해당 목표와 일정을 잘 준수하고 있는지 스스로 체크하고 도전하는 과정이 필요합니다. 각 목표에 대해서는 그 목표를 달성하기 위한 세부 계획을 세

우는 방법이 실행력을 높이는 데 도움이 됩니다. 물론 자신이 세운 계획과 약속은 꼭 지킬 수 있도록 노력해야 합니다.

한편, 반복되는 업무가 아니라, 새로 시작해 어느 시점 안에 마쳐야 하는 일을 할 때는 '역방향으로 계획하기'가 필요합니다. 목표 달성 시점으로부터 역산해서 시기별로 무엇을 한다는 계획을 짜는 것입니다. 역방향으로 계획하고 그 계획을 실행하면 마지막 단계에 일이 몰리고 꼬이는 상황을 피할 수 있습니다.

Q.

새로운 과제를 설정하거나 문제를 해결하기 위한 아이디어는 어떻게 얻으시나요?

A.

지식을 편식하지 말고 책과 신문을 많이 읽기 바랍니다. 나는 일주일에 책 한 권 정도씩 읽어왔습니다. 중요한 부분에 밑줄을 긋고 갈무리해둡니다. 그렇게 하면 내용을 더 숙지할 수 있습니다. 강연 등에 활용하기도 합니다. 업무로 바쁘다 해도 한 달에 한 권은 책 읽기를 권합니다.

아이디어의 다른 중요한 원천은 사람입니다. 사람한테는 신문과 책이 아직 기록하지 않은 생생한 이야기가 있습니다. 사람을 만나 관심을 갖고 상대 이야기를 듣다 보면 업무와 직간접적으로 연결되는 아이디어를 얻을 때가 많습니다. 공연을 보고 여행을 다녀오는 것도 좋습니다. 여러분이 월급 받아서 자신을 위해 쓰는 돈은 얼마인가요? 자기 자신을 위해서 투자하시길 바랍니다.

Q.

워라밸을 추구하면서 업무 시간의 몰입도가 중요해졌습니다. 어떻게 하면 더욱 몰입해서 일할 수 있을까요?

A.

몰입은 간절함이 있어야 합니다. 간절함은 바람이 있어야 합니다. 바람이 크면 간절해지고, 간절하면 업무에 몰입하게 됩니다. 중요한 시험을 치르는 시간을 생각해봅시다. 진학 시험이건, 입사 시험이건, 자격시험이건 다 해당합니다. 그런 시간에 몰입하지 않고 다른 생각이나 딴짓을 할 사람이 있을까요? 마찬가지입니다. 회사 업무도 수처작주의 태도로 내 일처럼 한다면 잘하고 싶어지고, 잘하고 싶어지면 간절해지고 몰입하게 됩니다.

Q.

건강관리는 어떻게 하시나요?

A.

내 건강관리 방법은 간단합니다. 매일 아침 다섯 시에 일어나서 한 시간 동안 운동합니다. 하루에 만 보를 걷습니다. 어려운가요? 대중교통을 이용한다면 두어 정거장 전에 내려 집까지 걸어가는 방법도 좋습니다. 걷기는 몸 건강뿐만 아니라 머리도 건강하게 만드는 운동입니다.

Q.

개인적인 갈등 경험도 궁금합니다. 어떤 상사와 일할 때 가장 힘들었습니까?

A.

문제가 있을 때 내게 권한을 이양하고 맡기는 대신 '무조건 하라'는 식으로 지시하는 스타일의 상사 아래서 일할 때 힘들었습니다. 또 학연이나 지연에 따라 인사하거나 편견을 가진 상사 아래에서도 힘들었습니다. 그러나 그런 상사들은 반면교사로 내가 좋은 상사가 되도록 하는 자극이 되었습니다.

Q.

자신과 상사의 시각이 다를 때 대처하는 방법이 있을까요?

A.

충돌에 대한 두려움을 버려야 합니다. 두려움이 있어 충돌을 피할 경우 문제를 해결하기는커녕 오히려 키우게 됩니다. 다만 그 상황에서는 이야기를 할 때 예의를 갖추어서 잘해야 합니다. 우리 모두는 리더이면서 팔로어이므로 리더는 리더십을, 팔로어는 팔로어십을 잘 발휘해야 합니다. 훌륭한 팔로어가 훌륭한 리더가 될 수 있습니다. 윗사람 한 명과의 시각 차이도 해소하지 못한다면 훌륭한 리더가 되기는 어렵겠지요.

Q.
조직 내 수평적 관계에서 갈등을 잘 해결할 수 있는 노하우가 있을까요?

A.
스타일이 안 맞아서 발생하는 갈등이 적지 않죠. 그런 갈등을 해결하려면 첫째, 서로가 다르다는 사실을 인정해야 합니다. 둘째, 신뢰해야 합니다. 자신이 '옳다'고 생각하는 부분을 내려놓지는 말고 신뢰를 가지고 설득해야 합니다. 그러려면 실력을 키워야겠죠.

Q.
지금껏 가장 후회되는 일은 무엇인지요.

A.
오늘 최선을 다하고 돌아보지 않기 때문에 특별히 후회하는 일은 없습니다. 내가 최선을 다했다면 인정받지 못했다고 해도 살아

갈 방법은 있게 마련입니다. 그러므로 여러분도 항상 하루하루 충실히 채워나가면서 생활했으면 합니다.

슬기로운 간부생활

Q.
바람직한 중간관리자의 자세에 대한 조언을 부탁드립니다.
A.
아랫사람은 윗사람에 대한 팔로어십을, 윗사람은 아랫사람에 대한 리더십을 발휘해야 합니다. 그렇다면 중간관리자는 팔로어십과 리더십을 모두 갖추어야 하겠습니다. 중간관리자가 보기에 관리자에게 단점과 약점이 있을 수 있습니다. 그 경우 단점과 약점을 지적하고 관리자가 일하는 방식을 바꾸려고 노력하기보다는, 우선 벤치마킹의 기회로 삼기를 권합니다. 좋은 점은 내가 관리자가 되어 본받고, 그렇지 않은 점은 따라 하지 않거나 개선하면 됩니다.

Q.

직위마다 명심해야 할 점이 있을까요?

A.

사원 때는 일을 적극적으로 배운다는 자세가 필요하다고 봅니다. 대리나 과장이 되면 타의 모범이 되겠다는 생각으로 업무에 임하기를 권합니다. 차장이나 부장 때부터는 의사결정이 중요해집니다. 조직의 의사결정자로서 공부하고 생각하기 바랍니다. 팀장은 책임지는 자리입니다. 팀을 이끌면서 잘못된 일은 자신이 책임지고, 성과의 공은 구성원들에게 돌리십시오.

Q.

직원들의 열정을 불러일으키고 유지하려면 어떻게 해야 할까요?

A.

동기를 부여하고 성취감을 느끼게 하면 열정이 생깁니다. 이를 유지하려면 신뢰가 있어야 합니다. 상사가 구성원에게 높은 과제를 제시할 때 구성원이 그것을 자신을 위한 것으로 생각하도록 이끌어내는 신뢰 말입니다. 그렇게 되면 리더십에 진정성이 실립니다.

Q.

같이 일하는 사람들 모두를 같은 방향으로 뛰게 하려면 어떻게 해야 하는지 궁금합니다.

A.

솔선수범이 가장 중요합니다. 스스로 솔선수범을 해 성과를 내고 나아가 부서 성과에 영향을 미치면 구성원들은 자연스럽게 따라올 것입니다. 리더는 외롭고 힘든 자리입니다. 부하 직원에게 솔선수범하여 모범이 되게끔 행동하십시오.

Q.

팀장은 임원이 되기 위해 어떤 노력을 기울여야 할까요?

A.

팀장과 임원은 종이 한 장 차이입니다. 나는 다음 세 가지를 추천합니다. 첫째, 사심을 버려야 합니다. 주인의식을 가지고 회사를 위해 일하십시오. 둘째, 자기 자신에게 항상 부족함을 느끼고 채우기 위해 노력해야 합니다. 셋째, 자신에게 엄격하고 철저하게 자기관리를 하기 바랍니다.

Q.

위기 상황에는 일과 사람을 두고 고민하게 됩니다. 리더는 둘 중 어느 쪽을 더 챙겨야 할까요?

A.

조직을 이끄는 역할을 맡으면 일과 사람 사이의 균형을 잡는 일이 어렵습니다. "소선小善은 대악大惡과 닮았고, 대선大善은 비정非情과 닮았다"라는 말이 있습니다. 위기의 일본항공을 회생시킨 이나모리 가즈오 회장이 한 말입니다. 위기를 극복하고 목표를 달성하려면 착한 리더보다 강한 리더, 친근한 리더보다 엄정한 리더가 필요하다는 의미로 이해합니다.

Q.

중요한 의사결정의 순간에 결정적인 판단 요소는 무엇인지 궁금합니다.

A.

고객의 입장에 서보는 것입니다. 내 입장만 고려하면 고객을 만족시키기 어렵습니다. 관점을 바꾸어 보기 위해 필요한 것이 지혜입니다. 지식은 자기 입장과 논리를 공고하게 만듭니다. 그러나 지혜를 갖춘 사람은 사업 전체를 이해하려 합니다. 지혜를 얻기 위해서는 책과 신문을 많이 읽어야 합니다. 인터넷과 유튜브는 자신이 보고 싶은 것만 보는 편식을 조장합니다. 지혜는 편협한 지식에서는 갖출 수 없으므로 책과 신문을 장르에 관계없이 폭넓게 많이 읽기 바랍니다.

Q.

긴급한 의사결정을 내리거나 현안을 처리하는 노하우가 있다면요?

A.

리더가 되면 매 순간이 의사결정 과정인데, 쉽지 않습니다. 긴급한 문제가 발생하면 주저하지 말고 과감하게 주변 및 윗사람과 공유하는 과정이 필요합니다. 그래야 문제를 더 키우지 않고 빨리 해결할 수 있습니다.

LG가 사장을 만드는 법

초판 1쇄 발행   2022년 3월 14일
개정판 1쇄 발행   2025년 11월 25일

지은이	이웅범
펴낸이	신현만
펴낸곳	(주)커리어케어 출판본부 SAYKOREA

출판본부장	박진희
책임편집	손성원
편집	양재화 김선도
마케팅	허성권
디자인	육일구디자인

등록	2014년 1월 22일 (제2008-000060호)
주소	04779 서울시 성동구 성수일로 39-34 서울숲더스페이스 12F
전화	02-2286-3813
팩스	02-6008-3980
홈페이지	www.saykorea.co.kr
인스타그램	instagram.com/saykoreabooks
블로그	blog.naver.com/saykoreabooks

ⓒ (주)커리어케어 2025
ISBN 979-11-93239-39-1   03320

• 이 책은 저작권법에 따라 보호받는 저작물이므로 무단전재와 무단복제를 금합니다.
• 이 책 내용의 전부 또는 일부를 이용하려면 반드시 (주)커리어케어의 서면동의를 받아야 합니다.

※ 잘못된 책은 서점에서 바꾸어 드립니다.
※ 책값은 뒤표지에 있습니다.

SAY KOREA 는 (주)커리어케어의 출판브랜드입니다.